U0129259

丘衛邦回憶錄

丘 衛 邦 著

將軍傳記系列

文史哲出版社印行

國家圖書館出版品預行編目資料

丘衛邦回憶錄 / 丘衛邦著. -- 初版. -- 臺北
市：文史哲, 民 107.11
　　頁；　　公分（將軍傳記系列；8）
　　ISBN 978-986-314-445-8（平裝）

1. 丘衛邦 2. 軍人 3.回憶錄

783.3886　　　　　　　　　　107019713

將軍傳記系列　　8

丘 衛 邦 回 憶 錄

著　　者：丘　　　　衛　　　　邦
出 版 者：文　史　哲　出　版　社
　　　　　http://www.lapen.com.tw
　　　　　e-mail：lapen@ms74.hinet.net
登記證字號：行政院新聞局版臺業字五三三七號
發 行 人：彭　　　　正　　　　雄
發 行 所：文　史　哲　出　版　社
印 刷 者：文　史　哲　出　版　社
　　　　　臺北市羅斯福路一段七十二巷四號
　　　　　郵政劃撥帳號：一六一八○一七五
　　　　　電話886-2-23511028 • 傳真886-2-23965656

定價新臺幣九六○元

民國一○七年（2018）十一月十六日初版

林資政洋港先生推薦函摘要

先進前輩、革命同志：

民國八十二年秋中國國民黨第十四屆全國代表大會前夕，丘衛邦將軍以十四全代表身分求見，與洋港在司法院會面，雖然是短暫的交談，卻能發現丘代表對國家發展所產生問題癥結的瞭解甚為深入，而且還能提出切中時弊的有效解決方法，就以他撰擬的十四全大會一般提案：「中國和平統一之實踐案」（經審查通過，列入政務類第七十四案）為例，所建議的國家和平統一方式，採取肯（堅）定立場與漸進程序就很合理可行。丘衛邦將軍具備一般人所沒有的六項特點：①品學兼優（高中時以總成績第一名畢業，依志願保送陸軍官校，復以總成績第一名自官校畢業）。②文武合一（美國密西根大學土木工程碩士，戰爭學院畢業）。③國際宏觀（少年時居留香港五年期間接受英國式教育，二度留學美國軍、文二校）。④績效卓著（有計劃、有步驟從事軍校

教育、部隊訓練，成績斐然）。⑤革命情操（凡事以身作則乃至身先士卒）。⑥變革創新（能依據現況採取適切之革新做法，突破艱困達成任務）。

　　丘衛邦將軍是一位思想純正成熟，見解卓越獨到，有原則、有方法、有行動的資深黨員同志，他若能當選立法委員，必能糾合所有有識之士，共謀國家的興盛。
專此敬頌
　　時祺

　　　　　　　　林洋港

　　　　　　民國八十四年五月六日

王文燮上將序

　　一百年前甲午戰爭，丘衛邦將軍的祖先丘逢甲先生，為了保衛鄉土，以孤臣孽子之心領導抗日。一百年後，丘將軍為了黨國，維護正統，挺身而出，他是一位有強烈使命感與責任心的將軍，從不計個人利害得失為國家犧牲奉獻。他以高中成績優秀，保送陸軍官校 30 期，復以第一名成績畢業，並赴美留學獲密西根大學土木工程碩士。服役期間表現優異，歷任重要軍職，於民國 77 年 12 月以少將副師長退伍。

　　當我在黃復興黨部擔任主任委員時，特聘丘將軍為黃復興黨部委員，對黃復興組織發展及文宣工作推動積極，助益良多，復在中華戰略學會擔任理事，對本會學術研究及理論發揮熱心建言，貢獻卓著。

　　民國 104 年，我率中華戰略學會將官團訪問大陸時，請他任副團長，協助處理各項參訪行政事宜，表現突出，並慨捐壹拾萬元，支助學會任務需要，熱心可感。

　　日後旅美期間，每逢返國，必於第一時間與妻子池昭君女士回本會探望老同事有情有義，視為家人。今年適值國內九合一選舉，特別提前回國，欲義務盡全力鼓舞愛護中華民國的團體與候選人高票當選，重建社會穩定，經濟發展的榮景，選後再返美定居，繼續為國內外同袍及老友服務，並宣傳他愛國家愛民族的一貫主張，希望早日促成兩岸同胞和平統一的理想，發揚中華文化傳統，使中華民族成為世界上最強大、最受尊敬的民族。丘將軍退而不休，一心一意愛國愛民情操，殊值敬佩，出書前請我略綴數語，故樂為之序

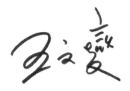

2018.08.23

吳其樑中將序

　　丘衛邦將軍是我在陸軍軍官學校一年級時四年級的學長，也是我在三軍大學指揮參謀學院和戰爭學院的同學。他為人正直，律己甚嚴，而且一絲不苟，雖然已是高年級的學生，卻仍留著一年級新生規定的短頭髮，他身為學生營的實習營長，卻不論何時何地仍如新生一樣，抬頭挺胸，坐座椅前緣的三分之一。

　　他當實習營長頗有創意，規定每星期一的國父紀念週會，各學生連必須聽到集合號後才能同一時間向司令台運動，故舉行國父紀念週會時，學生連隊可以同時到達司令台，部隊顯得非常有序而壯觀。

　　他規定各學生連輪流派一位實習副班長，於下餐廳復在指定的路口站崗，負責督導新生的行進姿勢和訓練禮節，兩人並肩齊步，由靠右的新生向站崗的副班長發敬禮口令。

　　有一次他當團值星官，於同學們進入餐廳坐下後，長官尚未進入餐廳時，突然下令全體新生起立，要同桌

的學長糾正風紀扣環未扣好的新生，這樣一來同桌的高年級學長也必須先將自己的風紀扣環先扣好，才能糾正新生。

他的課業成績比較好，所以二年級時是負責輔導新生課業的小老師，對一些課業成績較差的新生，產生了很好的輔導效果。

總之，丘將軍是我們同學的典範，他以總成績暨品德成績第一名畢業於陸官校第三十期，保送美國陸軍步兵學校接受初級班、空降班及突擊班訓練，回國後先在保送美國陸軍步兵學校接受初級班、空降班及突擊班訓練，回國後先在陸軍空降步兵教導團任排長，考取國防公費留學，獲美國密西根大學土木工程碩士學位後返國，先後任軍事工程學系講師和副教授、預備學生班教務組主任、學生部隊連長和學生營長，教學認真負責，部隊訓練要求嚴格，令人印象深刻，所以我們喜歡叫他丘老師也有人尊稱他為丘夫子。

八 百 壯 士 指 揮 官
中華民國退伍軍人總會理事長

自 序

余之祖父丘諤生先生為前清秀才，具濃烈之漢民族意識，中華民國成立後，即將清朝強加於丘字右側之邑去除，恢復丘姓。父親丘東旭先生就讀於廣東中山大學，為求更積極的參與國家建設，毅然投考蔣公中正在南京新創立之中央政治學校（國立政治大學前身）第一期。民國二十六年七月七日，日本大舉侵華欲滅我國家，父親自許為積極之抗日人士，乃將其長子名為衛邦。

余生於憂患長於顛沛，抗戰勝利不久大陸淪陷，全家避難香港。民國四十三年隨父遷往臺灣，就讀於省立苗栗中學（現為國立苗栗高級中學），以總成績暨操行成績第一名畢業，依志願保送陸軍軍官學校，民國五十年九月十六日以總成績暨品德成績第一名畢業，獲蔣公親頒二等績學獎章，保送並畢業於美國陸軍步兵學校初級班、空降班、突擊班。考取國防公費赴美求學，1965年12月18日獲密西根大學土木工程碩士學位，返母校

任教，經講師晉升副教授，先後擔任學生部隊少校連長、中校營長。營長任職六個半月表現優異，經校長林初耀中將特別保薦調升臺北市衛戍師任副旅長。

　　考取三軍大學陸軍指揮參謀學院六十四年春班，畢業名列第十奉派馬祖前線任中校步兵旅長。考取三軍大學戰爭學院六十六年班，畢業後依志願再任金門前線上校步兵旅長。民國七十三年，我於成功嶺任副師長時，適逢黃埔建軍六十週年舉辦國軍體能戰技運動大會，軍團司令柏隆鑎中將命我擔任軍團兩個野戰步兵師、一個裝甲步兵師及兩個裝甲旅等五個單位精誠連的集訓大隊長，戰技競賽分為步槍射擊、刺槍術、手榴彈投擲、五百公尺武裝障礙超越及五千公尺徒手跑步等五項。每項均錄取成績最優的前六名、總成績的前六名，共六個大獎杯及三十個單項獎杯，軍團集訓大隊五個精誠連經一百天集訓期間的苦練、巧練，與全軍二十七個單位精誠連競賽，獲得總成績第一、二、六名、十三個單項前六名，共獲得大小獎杯十六個，占全部獎杯數的 44%。司令柏中將調升陸軍總司令部副總司令，於研究升將官名單時，有人對我是否升任將官有意見，柏副總司令直言，如果丘副師長不能升將官，試問何人可升將官呢？於是

我在民國七十五年元月一日晉升少將。接任軍團柏司令職位的趙萬富中將晉升金門防衛部上將司令官，知道我對部隊訓練很有績效，就請求陸軍總部將我調往金門，於是我便於七十五年十月擔任金門前線野戰師的少將副師長。

感於李前總統登輝先生明統暗獨影響國家前途與人民福祉甚巨，為救國救民善盡匹夫之責，深感離軍從政更具意義，乃於民國七十七年九月二十六日甫滿五十之齡，毅然申請提前退伍，於民國七十七年十二月一日生效，提前了六年九個月退伍（退伍前一年考績列特優）。

退伍後即獲聘為行政院輔導委員會將官研究委員，先後完成（一）如何建設臺灣改變大陸，達成[以三民主義統一中國]目標之研究。（二）中國和平統一理論與實踐。（三）如何增強國力之研究及（四）積極奮發的人生理念一正確人生的方向等論文。

以正統中國國民黨黨員自居，參加第三屆臺北市南區立法委員選舉，於民國八十四年九月十五日在臺北市國軍英雄館舉辦籌款餐會，貴賓講話摘要如下：

（一）林資政洋港：丘衛邦先生是一位愛國家，愛中國國民黨的優秀黨員，我為他強烈的使命感與責任心

所感動，像這樣不計利害得失而願犧牲奉獻的人，大家要支持他。

（二）蔣資政緯國：丘將軍是一位國家至上，民族第一的優秀將領，凡擁護三民主義的人都應該支持他。

（三）何將軍志浩：丘將軍是我們黃埔軍校最出色的將領。

（四）陶將軍滌亞：一百年前甲午戰後，他的祖先丘逢甲先生，為了保衛鄉土，以孤臣孽子之心反抗日本人；一百年後，丘將軍為了黨國，維護正統，挺身而出，支持丘衛邦就是支持中華民國。

由於缺乏中國國民黨之奧援，落選是必然的結果。

創立[中華民國統一中國聯盟]，先後完成[促進兩岸中國民主和平統一]及[要全面振興中華民國]等兩篇論文，均載於中國黃埔軍校網之黃埔會訊，大陸有識之士JXZZ將[促進兩岸中國民主和平統一]乙文，轉帖於大陸百度網站並強力向讀者推薦。目前臺灣地區中小學課本內容[去中國化]已有多年，造成三十五歲以下青少年對中國大陸產生疏離乃至反感，致有民國一〇四年青年學生反服（貨）貿而占領立法院，反課綱而入侵教育部。

今後欲求國家之圓滿和平統一，唯有大陸地區逐漸

民主化，且應使臺灣地區青年對大陸地區政府的善意與讓利有感。假以時日，臺灣地區之中小學課本內容才會回歸[中國化]，中共應宣稱統一後仍以國父孫中山先生所創建的中華民國為國號，而以中山先生所主張的青天白天滿地紅為國旗。以上兩項亦曾為中共建政元首毛澤東主席所堅持者，如此之國家和平統一才可能為臺灣同胞所接受。

　　至於如何才能達成國父國民革命目的呢？臺灣地區必須全面振興以作為大陸地區效法的典範。余經二十餘年深入研究之[我們要全面振興中華民國（修訂本）]所提出的救國方法，應值得欲求中興中華民國、復興中華民族的有識之士加以參考運用。苟如此，則兩岸中國民主和平統一，必可水到渠成。

作 者 影 像

作者自官校學生至晉升少將各時期的照片

作者自官校學
生至晉升少將
各時期的照片

作者自官校學生至晉升少將各時期的照片

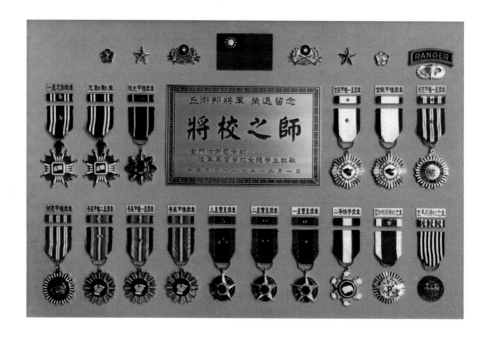

丘衛邦任軍職期間奉頒之勳獎章

丘衛邦回憶錄

目　次

1、生於憂患

　　民國二十六年七月七日倭寇挑起盧溝橋事變，睿智的蔣委員長中正先生決心開始全面抗戰，於是人無分男女老幼，地無分東西南北，均投入此一偉大神聖的中華民族生死存亡聖戰之中。親愛的母親黃雲珊女士，由於年輕勇敢、不懂事，在未徵得在內地服務，畢業於南京蔣中正先生兼校長的中央政治學校（國立政治大學前身）大學部第一期，尊敬的父親丘東旭先生的同意，為了要投靠在香港的親戚，竟然懷著隨時可能會出生的長子，擠在從廣州開往香港的木船上，頭不時還要靠在陌生人的肩膀以舒解疲睏。船於傍晚抵達香港，在親戚的協助下到達接生婦陳秀珍女士處，就在當晚十一時二十分產下了長子丘衛邦，我的出生證明早於躲避日寇的漫長時間中遺失。

母親黃雲珊父親丘東旭合照

出生紙影印本

　　以上這張出生證明是母親於民國四十年找到當年的
接生婦所補發的。我的實際出生日期為民國二十六年十

一月十六日，而非先前使用了六十九年之久的農曆九月
二十六日，為了移民美國加以更正。至於我的姓自古以
來都是丘，後因雍正三年為了要我們迴避其皇后姓氏中
之丘字，假借為了避諱聖人孔丘，強迫我們在丘姓上加
一個邑而為邱，有先進思想的祖父丘諤生先生為前清秀
才，於民國成立後主動改回丘姓，未改回丘姓的邱似乎
比較普遍，不過丘氏宗親會是丘（邱）可為證明。

2、長於顛沛

　　我誕生後不久，母親便應父親的召喚，由香港回到廣州，由於父親的職務經常調動，母親只好帶著我和一位年輕的女佣追隨父親，印象比較深的是於廣東曲江家門前的菜圃。在廣西桂林一個天氣晴朗的晚上，我特別注意到那皎潔的月亮，為何老是跟著我和母親走來走去的疑問和情景，可惜這種溫馨的感覺已經一去不復返了！小時候使我感覺深刻害怕的有兩件事，其一是在江西信豐，父親帶我到河邊洗澡，不諳水性的父親不知不覺的走到較深的河中央，差一點就被流動的河水冲走，當時父親面色鐵青，我則被嚇得半死。另外一件則是父親和同事坐公務車在公路上行進時，突然遭到向他們俯衝掃射的日機，好在父親及時跳車並迅速匍匐離開才免於難；母親為父親壓驚，特地殺了一隻雞，可是父親不小心被雞骨頭卡住咽喉達兩天之久。

3、小學讀書

　　記得第一次上學是在江西信豐，母親將我帶到教室，對著陌生的同學實在不知所措，對母親的離開更是依依不捨，差一些就要哭出來。民國三十四年春，父親在廣東梅縣服務，我們住在丙村。印象較深的則有三件事：第一件是有一天下午，我坐在小板凳上很用心地完成了九九乘表的心算。第二件是天氣晴朗的晚上，我突然發現草地上出現一大片閃閃發光飛舞的螢火蟲。第三件則是民國三十四年秋，突然發現村中的大人們都拿著火把，歡悅地在村莊附近遊行，原來是對日抗戰勝利了。抗戰勝利後，我們全家跟隨父親回到廣州，伯母希望我能夠跟她回家鄉讀書，母親答應了。於是我就跟隨伯母回到惠陽淡水，據說我當時晚間曾經發生夢遊現象。一年讀書的鄉村生活，使我獲得很多體驗，而我的客家話就是那時候打下的基礎。

　　父親奉調廣東中山分局擔任局長，負責徵收附近幾

個縣廠商的稅務工作，那時候通貨膨脹非常嚴重，父親親自到廣州領到全局公務人員薪資後，要立刻將之兌換成港幣，以便帶回分局發放薪資給部屬。據說財政部每個月都會調整公務人員的薪俸，使他們能夠維持生活。根據廠商營運的狀況，父親也會要求他們多繳一些稅金，對於徵稅的績效父親還是相當認真的。

　　就讀中山的國民小學時，體育課老師在全校範圍內，挑選了一些跑得比較快的同學，要我們提早到學校集合，在上課之前帶我們跑三千公尺，我的跑步習慣就是從那時奠定的。

　　民國三十七年夏，父親辭去中山分局職務回到廣州，剛開始時就讀距家不遠的第六小學，勞作課老師要我用雕刻刀雕刻木板上的圖案，那時天氣很熱，我脫去內衣光著身體用肚皮頂住木板用力雕刻，鋒利的雕刻刀突然從木板打滑，幸好並未插進我的肚皮，而是由上而下插進左手的手背，頓時鮮血向上噴射。我趕緊用右手掌將傷口壓住並大叫，母親聞聲跑來趕忙將一些褐色絨毛狀的植物壓住傷口，看來這東西的止血效果還不錯，而傷口也逐漸結疤，幸運的是雕刻刀並未傷及我的手筋，到現在左手背仍留著一道兩公分長的疤痕。自此，

母親只好找人替我做勞作了。後來轉學到中山大學的附屬小學，那時候同學們喜歡比劍，竹子做的劍非常簡單而粗糙，打來刺去其實是相當危險的動作，好在我並未因此受傷，也算是對反應的一種訓練吧！國文老師是從南京逃難南下，她只會講國語，我的國語是那時候打下的基礎。

　　民國三十八年春，突然間整個廣州市出現了很多賭場，記得有一次母親帶我去一間賭場，她贏了十三元港幣，便帶我到一家小館子吃炒麵，那時候即便是五十萬元一張的金圓券也不再流通了。

4、香港甘苦

民國三十八年夏，父親帶著我們全家到達香港，最初我就讀於新界粉嶺小山頂上的國民小學，那時我和絕大部分同學一樣都打赤腳。學校附近有一條小河，從一條小徑往下走，旁邊有茂密的竹林作為掩護，該段河水很淺也算清澈，這是我們男同學玩水的好去處。同學們將衣褲脫光跳入河中，有時會互相打水仗，我對打水仗頗有心得，將右手掌彎曲成漏斗狀，使水集中於一個方向，這樣去攻擊對方的眼部，同學一個個受不了很快便敗下陣來，因此我可以很輕鬆的擊敗四五個圍攻我的同學。我學會游泳是突然間在河中活動時發現的。

有一次母親去廣州向親戚借錢來維持我們的生活，父親則在香港一所私立學校教書，我帶著二個妹妹一個弟弟，買菜、挑水、煮飯、炒菜一肩挑。買菜錢剩下港幣一角，剛好可以買一枝冰棒，於是我們四兄弟姊妹就輪流一人舔一口，這種情景使人印象特別深刻。

　　不久祖母從家鄉來與我們同住，父親便帶我們全家到租金更為便宜的長洲島，為減輕生活負擔，父親將一個房間分租給一對中年夫婦，因此我晚上就在客廳架起行軍床睡覺。那時我已經是五年級下學期的學生了，長洲國民小學從五年級就開始教英語，但我在粉嶺的國民小學並沒有學習英語，因此只能努力去趕上進度了。長洲國民小學的廁所在二樓，是大小便分開的，大便之處是一個小房間，下面放著一個大鐵盆，解大便時要忍受臭味，回教室時也會將身上的臭味帶下來。課餘之暇要做穿珠的手工藝，長條型的帶子，以不同顏色的珠子作成圖案，可根據幾種基本圖案，按照自己的設計穿出不同款式頗具創意的作品。

　　小學畢業後就讀長洲書院初中一年級，老師的水準都很不錯，有留學英國回港的文學碩士，也有香港大學畢業的，有一位浙江大學畢業的國文老師金國柱先生，對我們要求非常嚴格，遲到的同學不准進入教室，作文有錯字、別字的，他會在作文簿上方畫一個方格，要我們自己從字典裡找出答案填在方格上，而且要自己罰寫一行。這對我的守時習慣和寫作用字慎重很有幫助。長洲書院屬於香港的官立學校，全年都懸掛著英國國旗，

不過並沒有舉行升降旗的儀式，但還是激發起我有一天要收回港的強烈願望。

　　長洲書院是一座古色古香的建築物，只有四間可容納四、五十人的教室，初一兩班，初二、初三各一班，因此初一升初二是一個大瓶頸，每年只有約二分之一的初一同學可以升初二。有平時考試也有期中考和期末考。考試力求公正嚴格，老師發下考卷時背面朝上，老師下令開始作答時，同學們才同時翻轉考卷的正面作答並開始計時，五十分鐘的考試時間，時間剩下十分鐘時，老師會說 Ten Minutes，剩下五分鐘時，老師會說 Five Minutes，三分鐘時會說 Three Minutes，一分鐘時會說 One Minute，時間到時老師會說 Times Up、Pens Down、Stand Up、Hand in，這時站在最後一排的同學就將試卷向前傳遞。先答完試卷的同學也可以提前交卷，交卷時要向老師鞠躬敬禮後離開教室。

　　初中三年級上學期時，教育局對全港學生舉行一次會考，目的在瞭解各地區學校學生學習所達到的程度，作為各地區學校改進智育的參考。監考老師仍然是教我們的該課老師，老師將會考中心發下來的試卷封套出示給全班同學看，表示事前並沒有開封，然後將附著在紅

色膠泥上的連線用力拉開取出試卷，像平時考試一樣發下試卷的背面，命令同學同時翻到正面作答並開始計時。香港老師的誠實、守時、公正與嚴格給我非常深刻的印象，也使我在後來的自我要求與要求學生部屬方面產生很大的影響。

5、台灣求學

　　父親獲得美援知識分子協會的幫助，率領我們全家老小帶著全部行李，擠在從香港開往台灣四川輪的艙底，每餐均為白飯和大白菜，我們每餐都會因暈船而吐得一塌糊塗。船於民國四十三年一月二十三日傍晚抵達基隆港，下船後感覺港口碼頭一片灰暗，新台幣兩元的一碗湯麵吃得津津有味。當晚全家老小就住在基隆市的廣東同鄉會。

　　初期住在新莊鎮的「以德新村」，該村是美國參議員周以德先生籌資，為供逃難大陸知識分子暫住，用空心磚所建的平房。記得有一天父親從台北市回家，領到一疊十元一張新台幣新鈔共七百七十元生活補助費時全家的喜悅情形，至今仍印象深刻。不久父親獲得台灣省立苗栗中學的教師聘書，我於是插班苗栗中學的初中三年級下學期。因為全家老小人口眾多。所以就爭取到兩個單位的住房，每一單位是一房一廳一廚一廁，由於外

牆是以竹片為筋糊上泥漿再以白漆粉刷而成，遇到颱風侵襲，邊間迎風面外牆的白漆和泥漿會脫落而露出竹筋，用舊報紙貼在竹筋上以禦風寒是我的責任。

初中畢業後，由於父親是學校的教師，毫無疑問我自然會投考省立苗中的高中部，出乎意料之外，我竟然是錄取榜上的第一名，當時父親諷刺我說蜀中無大將廖化作先鋒。由於教師宿舍就在學校旁邊，教室和圖書館就成為我經常讀書的地方，每每到教室或圖書館熄燈才是我回家的時候，當時我把圖書館裡的中外偉人傳記幾乎都看遍了，這對我立志要成為對國家民族有所貢獻的人生觀產生很大影響。

高中一年級時，因共匪擊沉我太平艦，熱血沸騰的我走上學校的司令台，要發起建艦復仇，我們幾位熱愛國家的同學就到苗栗街上的商家去募款，商家們見到我們的真誠態度，都會毫不猶豫地將十元、二十元新台幣的捐款放進我們脫去的學生帽中。我和董瑞林同學合寫了一封信到陸軍軍官學校，說我們要從軍救國，官校政戰部主任回信，叫我們不必著急，歡迎我們畢業後去讀陸軍軍官學校。

民國四十五年暑假，我參加了由青年反共救國團所

主辦的金門戰鬥營,金防部司令官劉玉章中將對我們訓話了一個多小時,以致有女團員當場昏倒,當時司令官似乎有意考驗我們這群青年人的意志、體力、和耐力,增加我們對戰鬥營的深刻印象吧!金防部政戰部主任對我們講話,他說國民革命是順乎天理應乎人情,為人民所需要,所以一定成功,希望我們要為國家民族的前途奮鬥。夜間舉行防護射擊演習,以濃密的火力構成火網,非常壯觀。戰場心理測驗課目,要我們帶槍在頭上有機槍射擊的鐵絲網底下匍匐前進。野戰部隊為我們舉行排攻擊實彈演習示範,一位下士副班長不小心給子彈從背後擊中而殉職,副司令官和我們全體團員為他舉行公祭。

學校舉辦反共抗俄歌唱比賽,我獨唱「還我河山」,得到高中組的第一名。民國四十五年十月三十日先總統蔣公華誕,我因勇敢救人獲頒青年獎章,由於這是第一屆,因此相當隆重,特別在總統府前廣場搭建排樓,由副總統陳誠先生主持頒獎,救國團主任蔣經國先生陪同。民國四十六年我與賴松鶴同學,並列全省中等學校民族精神教育測驗的第一名。

由於早就下定從軍救國的決心,故平時相當注意體能鍛鍊,上課時挺直腰桿不靠椅背以鍛鍊成為軍人的姿

態和意志。民國四十六年政府舉辦第一屆優秀高中畢業學生保送軍官學校的措施，我以總成績及操行成績第一名畢業於台灣省立苗栗中學，依志願保送陸軍軍官學校。

6、官校鍛鍊

　　民國四十六年九月十二日，我與董瑞林及鄭尊雄兩位保送陸軍軍官學校的省立苗栗中學高材生，共同到鳳山陸軍官校入伍生第一連報到，令人印象深刻的是當完成報到手續之後，實習幹部便對我們實施一對一三十分鐘的軍紀教練，雖然心理上早有準備，但極嚴格的要求標準還是出乎我的想像。這種精神教育，對一個一心一意想要從軍救國的高中青年而言是非常有意義而必要的。學校為了減輕我們這些入伍生的精神負擔，使能專注於嚴格緊湊的訓練起見，所以不准我們配戴手錶，一切行動完全根據實習幹部所約定的哨音和宣達的指示與命令。為了要培養我們的軍人氣質與服從習性，對實習幹部提出問題時的回答，只有「是、不是」或「沒有理由」，而「一個命令一個動作」的要求，也使我印象非常深刻。

　　剛開始時，我們洗澡時間只有五分鐘，有一天實習

幹部說我們最近太辛苦了，要給我們二十分鐘的洗澡時間，我們聽到當然非常高興，當洗澡到達七分鐘左右，緊急集合的哨音突然響起，身上的肥皂尚未沖掉，就不得不急忙上樓著裝。

　　第一個夏季軍事訓練以單兵教練為主，鳳山的夏季很熱，而我們著的又是長袖軍便服，每次出操或野外教練都汗流夾背，學校為了補充我們的營養和體力，飯中放了多種維他命丸，所以我們都會流出彩色的汗水染在軍便服上，而內衣褲的顏色則更為明顯，好在洗衣工廠會將我們的軍便服洗的非常乾淨，但內衣褲和軍襪就必須自己清洗。

　　大約入伍後一個月，突然接到母親寄來一張明信片，記得當時未能將內容看完，男兒有淚不輕彈的我，眼淚卻突然間奪眶而出。入伍訓練結束後，接著就是學年普通科學教育。為了鍛鍊一年級新生的體能，學校規定新生個人行動一律跑步，而且要轉直角。進餐前坐椅時只准坐椅面的前三分之一，身體挺直雙手背後眼睛直視前方，進餐時要以碗就口不可為食飯而低頭。自從進入高中後，身體挺直坐椅面的前三分之一已經習慣，對我而言沒有任何困難。新生規定要留小平頭，為了自我要求在校四年除了繼續留小平頭之外，任何時間地點我都坐椅面的前三分之一。一個星期天的上午，我在學校25公尺長的小型游泳池游泳，有兩個二年級的同學可能

想捉弄一下這個獨自游泳的新生，我見他們鬼鬼崇崇的
樣子，就從游泳池起身問他們是那一個學生連的同學，
他們發現我並非可以捉弄的新生而是學生營的實習營長
便嚇了一跳，來不及回答我便一溜煙的跑了。

　　學年教育開始大約一個月左右，第一次允許休假外
出的星期天，我特別與母親約好一同遊覽台南市的赤嵌
樓，母親從南投坐火車南下，我則乘火車北上，做兒子
的提早一班車到達，在火車站的出口處迎接母親，母親
突然間看到身體比以前壯健，身著整齊軍服精神抖擻的
兒子向她行一個標準軍禮時，也禁不住流下欣慰的眼淚。

（與母親遊覽赤嵌樓的照片）

　　下午送母親坐上北上的火車，我則坐下一班火車南下鳳山。

　　一年級的學年教育除國、英、數、理、化課程外，軍事教官還為我們講解中外古代戰史。學年教育結束後，我們會有兩個星期的暑假，回校後就是第二學年的夏季軍事訓練。記得我們到達陸軍運輸學校見習，十個同學為一組，坐上兩噸半的大卡車，在駕駛教練的指導下，我們輪流開一段距離，我因從未駕駛過汽車，坐在高高的駕駛座上，的確感到膽顫心驚，可是一但手握方向盤發動馬達後，汽車向前運動時，就不會感到害怕而感到滿有信心了。

　　第二、三、四學年教育期間，除進修一般大學一、二年級的土木、機械、電機、測量、流體力學等等，數學則有微積分、立體幾何、球面三角等等，而文史方面則有三民主義、民權初步、中國通史、蘇俄在中國、心理學等等。也會穿插些班、排戰鬥教練、地圖判讀、砲兵射擊教練、原子彈爆炸損害半徑計算等等。夏季軍事訓練則到各兵科學校見習，印象比較深刻的是在通信兵學校，我們看到了當時傳送速度很慢的傳真機，圖像是由一條一條線所構成。在工兵學校我們要實習架橋，相

當緊張且費力。在裝甲兵學校，校長蔣緯國中將在兩個場合對我們訓話，開頭第一句都是：「記得在德國軍官學校的時候」。我們體驗了 M41 戰車的駕駛和 50 機槍的射擊。在砲兵學校，我們以砲兵觀測員身份體驗了砲兵彈著的修正和效力射。

　　第三學年教育我擔任實習副班長，受命對全連一、二年級同學善盡課業輔導之責。學校舉辦運動大會，我參加了長距離徒手跑步競賽，星期五下午跑五千公尺得第五名，星期六下午跑一萬公尺得第四名，但星期天腿部肌肉仍感覺很正常，想是得力於從新生開始，我就一直參加學校課外活動的田徑組，鍛鍊長距離跑步自我訓練有關。第四學年教育我擔任實習營長，為了加強新生下餐廳後的行進姿勢與禮節訓練，我規定各連的實習副班長於下餐廳後，分別站立靠近各連的十字路口處，對長官和四年級實習幹部要敬禮，新生則兩人一組併肩齊步，由右邊的新生發口令向實習副班長敬禮。每星期一國父紀念週會，我規定各連於聽到學校集合號音後，才同時由各連集合場向學校司令台前的大操場運動，如此比較節省時間，亦可防止學生部隊間進場時的混亂，而看起來也比較嚴謹有序和壯觀。學年教育普通科學教育期間，我們都著草綠企領服，衣領前方裝了上下兩個扣

環，一些生活比較隨便的同學會懶得將風紀扣環扣好。有一次輪到我擔任團值星，在同學們坐定位主持長官尚未蒞臨之前，我突然下令全體新生站起來，要同桌進餐的老生檢查他們的風紀扣環是否扣好，如此一來全體同學都必須立刻將自己的風紀扣環扣好。以後只要輪到我擔任團值星，同學們都不得不對風紀扣環扣好了。第四學年運動大會舉行足球比賽，校長艾靉中將率全家來參觀，他們突然要提前離開，觀看足球比賽的有軍官也有學生，結果並無人指揮向校長行部隊敬禮，那時我當機立斷向全場人員發立正口令，跑向校長敬禮，以示對校長的崇敬。艾校長退伍後移居美國舊金山，我退伍後幾乎每年都會到舊金山探望母親，只要他知道我到達舊金山，他都會派他的女兒接我與他會面，交換對國家發展的意見而相談甚歡，並可惜我未能像他一樣有機會擔任陸軍軍官學校的校長。艾校長高齡九十六歲在舊金山仙逝。

　　在校四年普通科學教育以理科為主，文工科次之，因此教育部頒發給我們的是理學士學位。由於我們三位保送官校的省立苗栗中學同學都是高材生，加以我們都很用功，最後我以總成績兼品德成績第一名畢業，董瑞林同學為總成績第三名，我們兩人均獲二等績學獎章，由先總統蔣公於民國五十年九月十九日畢業典禮時親自頒綬，鄭尊雄同學則獲得總成績第五名。

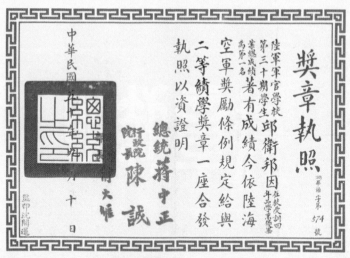

先總統　蔣公頒授作者二等績學獎章及證書

　　畢業典禮前一天，陸軍總司令劉安祺上將為第二天畢業典禮作閱兵分列式及畢業典禮的預演，並頒綬第三十期全體同學的陸軍軍官榮譽徽，由我代表全期同學領綬。

陸軍總司令劉安祺上將頒綬軍官榮譽徽
由丘衛邦代表三十期學生領授之照片

　　通常總統蔣公會於畢業典禮當天召見畢業總成績前三名的同學，但因當時有好幾位非洲國家元首陪同蔣公

參觀我們的畢業典禮，以致無暇召見我們。總統府要瞭解我休假期間在台北市的住址和電話，有一天總統府第三局專員黃國雄先生親自到我在台北市的住處告訴我總統蔣公何時召見及在總統府的哪一號門報到，我按時到達總統府，經引導到達三樓總統召見前的休息室，不久身著軍常服的警備總司令黃杰上將亦到達休息室，我起立向他敬禮，他或許太專注於與總統府的侍從官們打招呼，根本無視我的存在。總統先召見他，不久侍從官引導我進入總統的辦公室，當天蔣公著軍常服配掛特級上將的五顆星，而我亦著凡尼丁軍常服但配掛的是陸軍步兵少尉的一條槓，我脫帽向蔣公行三十度鞠躬禮，他和藹可親的命我坐在他的對面，問及我的家庭狀況並詢及學校內外省籍與本省籍同學相處情形。兩週的畢業假期結束後，派往金門服務的同學便到高雄外島服務處報到，準備乘坐軍艦前往金門。

陸軍軍官學校第三十期學生畢業典禮紀念照，
中坐者為先總統蔣公，作者在二排左四。

7、軍事留美

　　由於畢業前，學校的美軍顧問對我的英語能力和體能狀況均已瞭解，符合赴美接受軍事訓練的標準，且此次赴金門服務的時間有限，因此只安排我在團部見習，跟隨團部長官巡視各部隊的訓練。民國四十七年八月二十三日共匪對金門地區突然砲擊而發生的砲戰，至此時這一聞名世界的八二三砲戰雖已進入單打雙停的砲宣彈階段，但兩岸情勢仍然非常緊張。團部長官指著防區近海處的一個小島，告訴我最近發生在該島上的慘劇，原因是小島上的一名士官休假時在金門城說話不慎，洩露了小島上防守崗哨的有關情況，導致全班弟兄為大陸水匪所殺害。

　　民國五十年十一月奉命返台準備赴美受訓事宜，我和丁善理（畢業總成績第二名）及袁壽夔三人要到美國陸軍步兵學校受訓，我們乘坐的是美國軍用螺旋槳客機，從台北松山軍用機場起飛，飛機先降落於菲律賓的

美軍基地，在單身軍官宿舍休息一晚，次日再乘軍機經東京及阿拉斯加的安哥拉治到達舊金山的空軍基地，第二天乘火車經芝加哥到喬治亞州的陸軍訓練基地本寧堡（Fort Benning），在本寧堡首先接受八週的基本訓練（Orientation Course），由於基本訓練期間適逢聖誕節及新年，故有十多天的連假，我的室友返回西部的俄勒岡州（Oregon State）結婚，駕車三千公里返校，與妻子同住在學校附近的公寓，因此我便一個人住。一天有位同學敲門進入我的房間和我聊天，但他的眼神怪怪的，最後我只好趕他出門，當時我不知道這位軍官究竟是怎麼回事，現在我想他應該是同性戀者。學校附近有馬戲團表演，我們住校的幾位同學興高采烈地前往，守門人員攔住我們之中一位黑人軍官說，你只能參加這邊的黑人區，氣得那位黑人軍官調頭就走，這是民國五十年底所發生的事。基本訓練每一課目完成訓練後都會有測驗，外國軍官提前二十分鐘進入考場作答，由於我們在官校對這些課目多數已經修習過，因此考試成績都不錯。接著是四週的空降訓練（Airbone Course），每天清晨的跑步和體能訓練外，如何在陸地模擬從機門跳出及著陸時的動作是四週之內要完成的課目，最後是五次從機上跳傘，那時美軍有別於國內使用 T—7 傘，而是使用較安

全兩階段張傘程序的 T—10 傘，從 C—130 的機尾跳出動作迅速流暢。

最後是九週的突擊訓練（Ranger Course），訓練營地設於離本寧堡約兩小時車程的山區，所有參加訓練的學員都是志願報名，從上尉到士兵一律去除軍服上的階級只留下軍服上的姓。首先要通過的是體能和反應能力測驗，不及格的立刻淘汰，其次是獨木橋行走及從橋的高處沿鋼索向下滑入水中，以測驗學員是否有懼高症與勇氣，有一位西點軍校畢業的軍官，在獨木橋行走時從橋的高處跌入水中遭到淘汰。教官對我們說，完成了突擊訓練，就相當於三至五次實戰經驗，學員的淘汰率會超過三分之一。另一項是十七哩全副裝備急行軍，當走到十五哩左右時，我的伙伴（為了互助，每位學員要選一位伙伴）在上坡時體力不支，我停下來準備幫他分擔部分裝備之際，卻發現隊伍竟然急速向前運動，我們一落後就再也無法跟上了，在後面的收容車將我們帶到目的地，我的伙伴似乎是被淘汰了。演習科目少則兩天多則四天，睡眠時間少則四小時多則五小時，似乎都在硬撐的疲勞狀態下進行。每次演習完畢回到營地，首先是

由最後一任斥堠長簡報所完成的作戰任務或所蒐集到的情報，接下來是保養個人使用的武器，武器保養時每人都有一個清潔池，將武器完全分解徹底清潔，將零附件塗上薄油，放在個人的單人床上，檢查及格後再將武器結合置於指定位置，然後洗熱水澡換上乾淨軍便服到餐廳進餐。不出演習任務的白天，營地教官會安排一些與即將演習科目有關的軍事知識，到晚上一定都會達到精疲力竭的地步，一倒頭就馬上會睡著。教官要我們起床時是把燈打開，當皮膚受到燈光刺激便會醒過來，接著是聽取任務簡報，回來後每人都要書寫自己的演習計畫，教官就從所書寫的演習計畫中挑選一人為演習任務的斥堠長。依據第一任斥堠長下達任務，指定出發的時間。有一次我擔任機槍副射手，背包裹有五百發空包彈，正在上坡地點休息時，機槍射手突然將機槍交給我攜帶，由於疲勞之故，部隊開始運動時，我生怕力氣不足以將機槍提起，但卻因用力過猛，機槍蓋正好撞到我張開口的門牙，我將門牙的部分碎片吐掉繼續向前運動，演習完畢回到訓練營地報告教官，教官申請到一部吉普車，開了一個多小時到達亞特蘭大市（Atlanta City）的

陸軍醫院，軍醫官立刻將我有部分碎裂的牙齒在超低溫下修整，完成了一個暫時性的固定牙套，原車將我送回訓練營地。

　　有一次訓練營地集合了兩個梯次的突擊訓練學員，用一個特大號的圖板，作圖上戰術推演，由學員發表個人對該圖上狀況的戰術處理意見，由於我在官校受過小部隊作戰訓練便主動要求作答，結果非常正確，贏得在場學員的熱烈掌聲，在美軍中似乎並無種族歧視現象。我想那次表現對我從突擊訓練班順利畢業應該有所幫助。我和丁善理同學都順利從突擊訓練班畢業，可惜袁壽夔同學未能達到訓練的要求標準。回程時我們三人在舊金山逗留了一個星期，此期間我們遊覽了舊金山灣區的一些名勝，對於一九〇六年那次大地震，從圖片上得知其破壞力實在驚人，而目前舊金山的建築物對預防地震的要求標準已大為提高。

　　自美完成軍事訓練返國後，我被派往成立不久的陸軍空降步兵教導團。據說美國陸軍步兵學校對我們三位留美同學都有評語，我的評語大概是「此人意志堅強，樂於助人將來應可晉升將官云。」團長俞伯音少將曾擔

任步兵師長，足見陸軍對空降步兵教導團的重視。那時
身為留美歸國的年輕步兵少尉排長，體力特別充沛，部
隊舉行武裝跑步測驗，見到戰士體力不支時就代他們背
槍。徒手攀登訓練因為沒有繫保險索，實在危險，我向
部隊強調攀登時必須堅守三點不動一點動的原則。我參
加第一次梯次的攀登，要他們用心觀察我攀登的動作。
戰士們平日訓練相當嚴格，不但我的排順利完成了訓
練，全連也很安全地完成了此一訓練。天兵三號演習是
空降步兵教導團與美軍空降旅的聯合演習，我擔任戰術
聯絡官，見美軍演習作業認真且井井有條，軍官只管戰
術，一般行政事務均委諸士官，他們的士官制度做得很
不錯。

8、留美碩士

　　得暇我會準備國防公費的考試科目，初試在陸軍軍官學校舉行，複試則在台北市陸軍兵工學校實施，土木工程組錄取兩名，我以第一名成績被錄取。留美英文能力測驗合格後便開始申請美國大學的研究所，首先同意我入學的是賓州州立大學（Pennsylvania State University），讀了兩個 Term（十週為一個 Term）之後密西根大學（University of Michigon）也同意我就讀，於是我便轉學到密大，密大是一間很有名的州立大學，其土木工程系也辦的不錯，由於在官校修習有關土木工程方面課程不足一般大學土木工程系的要求，雖然在賓州大學修了一些大學部的土木工程課程，到了密大之初仍要修一些大學部的學分才能進入研究所課程。終於完成碩士所需要的學分，於一九六五年十二月十八日獲頒密西根大學土木工程碩士學位（MSCE）。

碩士證書

　　在密大求學期間，適逢美國甘迺迪總統在德州遇刺
身亡，美國同學都非常難過，有些同學更悲傷落淚，這
件謀殺案究竟如何發生，由於兇嫌當場就被刺殺身亡，
有關人員也分別先後離奇死亡，故至今仍是一個謎，也
可能永遠都不會有答案了。

9、官校服務

　　國防公費設置的目的，在選取優秀的官校畢業學生，赴美修習碩士以上學位，返國後將所學教育各該校學生。回國後我在母校擔任軍事工程學系土木工程課程講師。那時畢業於私立東海大學社會學系，親愛的前妻邱壽美女士，在學校擔任英語系助教，兼任學校美軍顧問眷屬英語教師的聯絡及服務工作，恰巧有一位美軍眷屬英語教師因故辭職，而她所教的剛好是一年級的英語精英班，所用的教材是美國大學一年級的英語教材，因此前妻要補她的教學位置，但前妻感覺力有未逮，要我代她去上課，於是我和前妻就在上課之前用心研究其中不甚理解之處，那是完全用英語教學的。那一年我真的體驗到何謂教學相長之滋味。奉陸軍總司令部命令暫調陸軍步兵學校高級班一五〇期受訓，時間是六個月，以步兵營、旅戰術教育為主，有一次考試總教官好意要幫助我，但我馬上交卷，此時給旁邊的同學發現說給我聽，我想他也會講給別人聽，真是好事壞事旁邊都會有人看著。畢業成績第二名，第一名是步校的教官。

　　民國五十八年元月一日晉升少校，因在學校擔任講師滿三年，其間升等論文業已通過，因而晉升副教授。

官校副教授聘書

校長張立夫中將命我擔任招收初中畢業生接受高中教育的預備學生班教務組主任職務。普通科學部教務長要我擔任入學考試的招生主任委員，這使我想起在香港長洲書院所接受的全港會考，嚴格公正是最起碼的要求，那時我要求命題老師考題內容必須明確，文句必須通順，對命題老師送上來的試題都過細審查，不能有錯別字，印好的試卷我也用心看一遍。招生考試完畢，教

務長鼓勵我說：「這次考試秩序良好，試卷未發現任何錯別字。」教務長這句話，對我感受很深，此時使我想起在香港長洲書院，對我要求極嚴格的金國柱老師來。校長張中將命我於民國五十八年十二月十五日國父紀念週會上對全校官生作一次演講，題目自訂為「我對五大信念的體認」，當日著少校軍常服在司令台上演講，演講全文（如附件一）。

張校長調升林初耀中將接任，我要求調任學生部隊連長，那時恰逢陸軍副總司令兼訓練司令張國英上將，要實行一個構想，將夏季訓練的軍事課程全部改由學生連的隊職官講授，講授內容則根據軍事訓練部教官組的教案施教。據說美國軍事課目一小時的課程，教官要準備六十個小時，教學內容務求精確表達給學生。如果夏季軍事訓練所有課目都由連隊軍官施教，一來隊職官不可能將教官組的教案完全消化，而準備時間也不夠，二來連隊軍官不可能是樣樣精通的天才型人物，所以即使連隊軍官累得要死也不可能將每一課目的精髓教導給學生，光憑教官組所提供的教案去教導學生是遠遠不足的。因此我在訓練司令張上將與校長林中將共同主持的軍事訓練研討會上，就將上述道理講了一遍，張上將怕下不了台，於是就含糊其詞的說：「那就舉手表決看看，究竟是學校進步還是退步，只要學校有一點進步就算進步。」對這種轉移目標的說法，應該沒有人敢當著校長的面說學校是退步的。張上將在我們舉手表決前，還再

強調一次學校只要有一點點進步就算是進步，結果只有三個馬屁隊職官舉手，而認為學校退步的卻有二、三十人之多。我想當時合情合理慷慨激昂的發言打敗了張上將狡猾的誘導。出現了如此尷尬的場面，訓練司令張上將宣布休息十分鐘，與校長林中將到後面商議對策，他們休息完畢回到會議現場，我已記不得當時他們是如何自圓其說的了。不久有傳言說校長要將我調到野戰部隊擔任副營長，於是我便鼓足勇氣求見校長，請示他這種傳言是否真實，他對我說沒有這回事。而軍事課程下授連隊軍官的政策並未實施，軍事訓練部的教官員額也未變動。記得有一次我走在路上，一位騎自行車的少校教官突然下車向我道謝。那時一些能力不錯也很盡職的教官，但求生活穩定能顧家也就心滿意足了。

　　學生部隊連長任滿一年後，我回到普通科學部任教職，並與民國六十一年元月一日晉升中校，不久校長林中將命我擔任四年級學生部隊的第一營營長。林校長對營區的整齊清潔與學生的儀容服裝非常重視，而對連隊軍官的知兵（生）尤其要求。每一個星期天都會抽查一個學生營檢查（驗）並評分。第一次中簽檢查（驗）學生第一營的知兵（生）、營房與內務及廚房總成績只得了六十分，當時的學生部隊指揮官羅本立上校（羅上校最後當上參謀總長，官階一級上將），認為我營的成績不應如此之差，或許是校長要刺激我上進吧！於是我建立了每週對各連隊環境內務檢查並評比的制度，成績最

優的連隊懸掛繡上「榮譽」兩個紅字的錦旗，成績最差的連隊則懸掛繡上「迎頭趕上」四個黑字的錦旗。如此，各連隊的環境內務都有顯著的進步，對伙房的清潔經常檢查並改進缺失。校長第二次檢查（驗）時，我為了提高連隊的嚴肅性與精神動員，當校長在司令台上對各連連長測驗知兵（生）時，我全程都以最標準的立正姿勢陪同校長，因我以最嚴肅之態度表現，受測連隊軍官也只能以最標準的立正姿態陪我，尚未受測的連隊軍官也表現出最標準的稍息姿勢，造成司令台上一片嚴肅氣氛，在台下的四個連隊學生自然也嚴肅起來，被連長點到名的學生應「有」聲音也就格外宏亮，那次檢查（驗）的總成績卻是出乎意料的九十分。

陸、海、空三軍軍官學校與政治作戰學校的畢業生，集中于北投復興崗政治作戰學校實施為期兩週反共復國革命教育。時任行政院副院長的蔣經國先生，在餐廳對我們訓話，他直立在一支麥克風前不疾不徐的完成了一篇精彩的演講，政戰學校立刻將內容印發給我們。政戰學校校長張建勛中將要對我們四校學生檢閱並訓話，我事先告訴第四十一期同學，張中將是我當學生時最尊敬的少將軍事訓練部教務長，在檢閱時你們要表現出最佳的精神和最尊敬的態度，當檢閱完畢訓話時，張校長特別誇讚陸軍軍官學校的表現。

陸軍總司令部政治作戰部主任張雯澤中將，張中將相貌堂堂，是一位很有軍人氣質的將領，後來在一次直

升機失事事件中，他緊抱他的長官陸軍總司令于豪章上將，救了長官一命自己卻犧牲了，他的勇敢忠誠，值得我們崇敬。張主任與第四十一期畢業學生舉行座談，對於此次座談我希望同學們能提出一些有前瞻性和建設性的建議，於是我就和幾位學業成績比較優異，表達力強的同學共同研議了一些題目及內容，經我認可後以作準備，結果這次座談會進行得非常熱烈，張主任很高興，訓話的內容也很豐富，因此時間也比較長，以致政戰學校廚房將我們的晚飯收走了。隨同張主任前來的軍官，替在人事署服務的砲兵科同學顧青雲傳話，說我要當副指揮官了，當時我覺得有些莫名其妙，一來我是步兵何來調任副指揮官，二來我擔任學生營長剛滿半年，要滿一年才能算經歷。回到學校接到命令調北部軍團野戰部隊三十三師九十七旅副旅長。臨行前我見了學校的美軍顧問，他恭賀我並說美軍也有以副旅長補營長經歷的規定。有人對我說這次調升是政治作戰學校校長張中將向陸軍總司令于上將特別薦舉的，張中將退伍後我曾拜望過他，我沒有問他而他也沒有提及此事，難道是陸軍軍官學校校長林中將薦舉的呢？無論如何，我對兩位校長都感激在心，可惜他們兩位的官階都沒有更上層樓！

　　那時軍團司令郝伯村中將非常重視小部隊戰鬥訓練，集合全軍團旅級指揮官加強學習，參觀步兵連戰鬥教練，特別命令我這個副旅長也和旅長黃幸強上校（黃旅長後來官拜上將陸軍總司令）一同參加，郝司令親自

講評。總政治作戰部為了加強戰場政治作戰的實際運用，召集了國防部與各部隊的政治作戰軍官受訓，聘請我擔任教官，教學有完整教材可供參考。有一次總政戰部主任王昇上將與訓練班的長官及我這個正在授課的教官同桌午餐，恰逢政府宣布新台幣兌美元由四十元兌一美元升至三十八元兌一美元，那天王上將非常興奮的說，新台幣四十元兌一美元已維持多年，而且黑市一度還飆升至五十元兌一美元，現在新台幣升值了，表示我們的生產力增強，產品也比以前更值錢了。

師部由台北移防鳳山，當時嘉義軍負責辦理六期（每期一週）救國團高中（職）學生的暑期戰鬥營。軍部抽調各師人員組成大隊部，命我任大隊長，副軍長負責戰鬥營活動的全程督導。

我發現戰士們使用五個大鋁盤作為碗碟清潔過濾之用，我要求增加一個清潔過濾的大鋁盤，使碗碟清洗得更為徹底。

每期戰鬥營活動結束，戰士們有一天半時間整理物品和清潔營房。我訂定一個非常嚴格的要求標準並親自檢查，如果能合乎我的要求標準，兩個中隊的戰士有六分之一可以休假五天，對戰士而言這是非常大的福利，因此戰士們士氣都很高昂，每次檢查都能達到甚至超過我所要求的標準。

為了庫房的安全，我令行政士官長每天都要檢查庫

房，有一天他告訴我庫房的大米缺少一包，我想應該是奉調來的廚師，將大米從低倭的圍牆傳遞到牆外的民家，經檢討並警告後，再也沒有發生這種狀況了。

清晨我陪同兩位廚師到菜市場，要瞭解他們的採購情形，發現他們真是成竹在胸，能夠以當天能買到的魚作適切的烹飪。到了肉攤發現他們所買的豬肉表面比較光亮，其實豬肉表面光亮是因為豬肉灌了水的緣故。為瞭解採購豬肉的斤兩是否正確，我買了一把秤，結果發現十幾斤的豬肉竟然少了一斤，我只好替他們找一家豬肉沒有灌水看來也比較殷實的豬肉攤了。

戰鬥營學員每天早晨讀訓後會做陸軍操，由軍部體育官帶操，一天早上讀訓完畢卻沒有做陸軍操，原來是體育官尚未到達，我便報告副軍長可以和體育官一樣方式帶操，結果非常成功。六週戰鬥營活動結束後，副軍長對我說，這次戰鬥營活動大隊部發揮了很大的功能，從這次活動中我也獲得不少寶貴的心得。

因為我尚未接受過陸軍指揮參謀教育，於是投考了三軍大學的陸軍指揮參謀學院六十四年春班三軍大學的陸軍指揮參謀學院六十四年春，主要是學習軍師戰術，一部分戰略教育和三軍聯合作戰教育等，一年多時間獲益良多，畢業總成績第十名，奉派馬祖前線擔任旅長。

丘衛邦少校任學生連連長奉令領導學生
史宗儀與蘇勵明接待美國西點軍校學生

丘衛邦少校任陸軍軍官學校預備學生班教務組主任向
國防部長黃杰上將介紹該班各學科召集人及教官照片

右立者為 33 師 97 旅旅長黃幸強上校
右二坐者為副旅長丘衛邦中校

三軍大學陸軍指揮參謀學院正規班六十四年春學官畢業照，作者於第二排右七。

10、馬祖旅長

　　報到之初，師長吳招有少將為要了解我，也看一看我的寫作能力，就命我寫一篇自傳。馬祖防衛司令官夏超中將召見我，說了很多鼓勵的話。不久台灣來了船團，我就乘坐軍艦前往東莒就任東莒指揮官，東莒是馬祖的外島比鄰較大的西莒。那時戰爭氣氛仍然濃厚，於電影院舉行國父紀念週時，部隊都要攜帶武器彈藥以防敵人的突襲。不久夏司令官調任金門防衛司令官，行前來東莒辭行，我坐上他的船環島巡視各據點一周外，還要我帶他去視察其中一個比較重要的據點，我一馬當先引導夏司令官到達該據點，並對該據點作簡要的報告。

　　民國六十四年四月五日先總統蔣公逝世的消息傳到東莒，一夜之間各連級單位都能用白紙完成敬輓蔣公的白色花圈，四月六日我在東莒電影院主持追悼儀式，全島進入戰備狀態，當晚發生大霧海上出現奇異的燐光，陸軍防砲連少校連長竟下令向海上開炮，我命副旅長環

島巡視一遍，並未發現海上有異常狀況，防衛部亦無任何指示，我乃與當晚十二時解除戰備。東莒北邊有一個無人島，我帶領一個加強班前往檢查，除攜帶武器彈藥外，每人均要著救生衣，規定以後每半年要對該無人島檢查一次。

　陸軍總司令馬安瀾上將來馬祖視察，於西莒與東、西莒營長以上軍官舉行座談，我對東莒防務有關事宜提出一些必須加強的意見，當時他並未作任何答覆，馬防部司令官梁鳳彩中將也未對我說任何話，但不久我就奉命與南竿的旅長對調。據說馬總司令印了一本小冊子，認為我不適宜當馬祖外島的東莒指揮官，這本小冊子一直沒有人拿給我看，我也懶得去找那本小冊子。

　到了南竿之後，我對部隊的體能訓練、知官識兵、服裝儀容和環境內務相當注意，並經常舉辦各項競賽和例行檢查。有一天陸軍總司令部突然派員檢查（驗）本旅某一個步兵連的儀容服裝、環境內務和知官識兵，那個連隊在旅的檢查（驗）時只能列中下水準，結果成績在全軍範圍內竟然名列前茅，使我感到非常欣慰。防區有一個據點是海邊依山形構築，坑道很深由近海邊經山中間到山頂上的三層火網構成，可見前人用心之深與創

意之佳。

　　梁司令官每週都會召集南竿東西守備隊的旅長參加司令部的早餐會報，在聽取各一級主官業務報告後，司令官會有所指（提）示，有時也會對守備隊旅長有所指示。早餐都是吃麵條，可能是煮得太好吃了，每個人吃麵條時所發出的聲音可不小，因此好像是在奏吃麵條交響曲。有一次司令官梁中將與司令部長官在本旅防區的電影院討論問題，他香煙一根接一根抽，煙頭全丟在地下，有四、五個之多，當離開時他會蹲下來，將所丟的煙頭一個一個撿起來放入自己的褲袋裡。司令官要在東海岸的山頂上修築一條戰備道，當口頭命令下達後，我即著手策劃並分配各單位負責的路段，那時老兵不少，營連長都是築路的專家，對我的分配沒有意見或疑問，司令官不知我已分配好了各單位的任務，還準備到現場給我指示呢？待戰備道修築完成，我命令一位營長做一個大型的混凝土標示牌取名「復國大道」，司令官看後要我改名「牛角戰道」，位於目前八八坑道（存放馬祖酒廠陳年老酒罈）之上方。我是一位主動積極負責的旅級指揮官，卻不懂得向司令官報告戰備道完成並敦請他命名。

　　我對部隊的晨間運動尤其是晨間跑步特別重視，因為晨間跑步對官兵的體格與耐力都有幫助，更重要的是

可以穩定官兵的情緒，並可防止官兵夜間睡得太晚，否則第二天晨跑時會跑不動而覺得有失面子。除實施以連隊為單位的跑步比賽外，為了鼓勵個人體力的增強，我還特別舉行個人跑步測驗，以四人為一組分梯次將每個人的跑步時間測出來，以連隊的平均速度決定各連隊的名次。旅部及營部官兵也與我一同作個人跑步測驗，希望他們平時也要注意到自我身體健康的保持。

　　我於民國六十五年元月一日晉升陸軍步兵上校。吉普車前面標示旅符號的帆布套取下露出黃色車牌，將官是紅色車牌。司令官知道我們即將移防台灣，特別召見我並當面發給我新台幣叁仟圓以示慰問，不久台灣接防部隊的前站人員也來到各連隊，於是我便集合各連隊及友軍前站人員開一次協調會，會議之始我告訴雙方都應該珍惜彼此的友誼以及國家的資材，我要求本部隊所購買和已建設的設施不要拆除帶走，也希望接防部隊在台灣與我們有同樣的做法，並要求雙方將購買的及所建設的均列一本清冊互相交換。最後我將司令官頒發給我的新台幣叁仟圓致贈給本旅出席的連隊作為公款之用，雖然數目有限，也代表我對他們關懷之意。移防返台後因考取三軍大學戰爭學院六十六年班而赴大直入學，我在馬祖和台灣兩地共擔任旅長一年兩個月。

作者於馬祖擔任旅長時，測驗部隊越野賽跑

11、戰爭學院

　　三軍大學內設戰爭學院及陸、海、空三軍指揮參謀學院。三軍大學校長蔣緯國上將是一位深具戰略思想，有邏輯思維與講究表達技術的將領，聽他的演講總可得到許多啟示。他向我們講解當年前三軍大學校長余伯泉上將為先總統蔣公簡報反攻大陸登陸地點的分析，比較時就非常簡明扼要：第一是我國沿海可供登陸的地點有哪些，第二是我們艦艇可以到達的登陸地點是哪些，第三是哪些地點登陸後可以建立灘頭陣地，第四是可以建立灘頭陣地中哪些可向內陸發展，第五是可向內陸發展當中，我海空軍及後勤支援比較便利的又是哪些。因此，可供選擇作為登陸地點的只有第一、第二、第三等三個，這不過是站在純軍事立場而言，至於上述三個登陸地點究竟哪一個最為合適，還要考慮到軍事以外的因素，恭請總統參考。戰爭學院院長海軍中將葛敦華也是一位戰略家，他說一九四四年六月六日盟軍登陸歐洲，並未選擇在英法最靠近的加萊地區，而是選擇比較遠的諾曼第

地區，因該地區外海才有足夠空間可供大批登陸艦艇順利完成登陸編組，有序的向登陸灘頭進發，而在加萊對面的英國地區則設置了十二個師級單位的假電台及假戰車等，使盟軍於諾曼第地區登陸時，成功牽制住德軍在加萊地區的裝甲師。

　　戰爭學院所研究的是大戰略和國家戰略中的野戰戰略以及三軍聯合作戰等。由於我的營長經驗只有半年，馬祖和台灣的旅長經驗也只有一年兩個月，畢業後我希望能前往金門前線再當一次旅長，以增加我在野戰部隊服務經驗。

三軍大學戰爭學院正規班民六十六年班畢業攝影紀念
（中華民國六十六年十二月廿四日）

戰爭學院畢業照。前排中為校長蔣緯國上將，
作者於二排右四。

戰爭學院畢業證書

12、金門旅長

　　在金門時，旅部所在地原來是從前的墳墓區，清明時節的早上，突然發現我所住的碉堡外邊竟然灑滿了冥紙，不知道他們是怎樣進入營區的，因為附近居民對軍人都非常友善，安全上並無顧慮，因此我也不去追究了。

　　我每天早上都會乘吉普車到達某一個連隊主持早點名，連長向我報告人數後，我會檢閱官兵瞭解他們的精神狀態，然後帶他們跑步，受傷或體能較差的由一位軍官帶隊在後面跟進，回到連集合場後我會對全連官兵作簡短的訓勉。

　　由於乘吉普車之前並未對駕駛透露我要去的連隊，所以任何連隊都不可能知道我的行蹤。晨間三千公尺跑步對連隊官兵體魄和情緒穩定有很大作用，也是防止部隊意外事件發生的一項重要措施。為了增強連隊官兵的臂力，特舉辦連隊官兵伏地挺伸和臥姿舉槍持久比賽，以增強官兵步槍射擊的穩定度。

　　天氣寒冷的一天早晨，吉普車經過空軍防砲晨間跑步的部隊，發現一名戰士痛苦難堪地由兩名戰士架著在路邊蹣跚而行，我即命駕駛停車，將那位戰士扶上車，送他到所屬的空軍防砲部隊，吩咐留守的戰士為他煮薑湯以驅寒氣或去看軍醫。

　　得暇巡視反空降堡及海岸據點，除環境內務外，特別注意測驗戰士對五〇機槍的操作。我發現有很多據點尤其是內陸的據點，其射口做得都得精緻，火網構成也很有戰術思維。海邊有一個碉堡，其撤退路線是經由爬行的小坑道到達加強班據點，我試著以匍匐前進姿勢爬行了一趟，的確很有創意。

　　有一天師長張雲濤少將問我，第一營第二連上尉連長表現不錯，可否將其調往其他旅的兵器連佔少校缺，我說部下的前途要緊，本旅少一個優秀步兵連長，對師而言可使一位優秀幹部適得其位，我非常高興。張師長就是如此提拔部屬，也很尊重下級部隊長的一位長官。

　　本旅作戰管制小金門的一個步兵營，亦即作戰時該營會歸我指揮。距離金門相當遠孤立的東碇島有本旅的一個加強連，但對其補給要靠防衛部的船團才能到達，依據潮汐狀況我只能在島上逗留幾個小時，因此必須把

握時間巡視及集合部隊給予鼓勵。島上海風吹襲鹽份太重，植物難以生長，除一些耐鹽份的野草外，全島只有一顆半人高的小松樹在半山腰處堅強地屹立著。島上官兵生活非常艱苦，但士氣卻相當高昂，這與連長的卓越領導有關。

移防回到台灣，先期駐紮在桃園龍岡營房，後來移防台北縣（今新北市）淡水鎮（今淡水區）的北新莊。在野柳有一個步兵連駐防，有一次我乘吉普車沿北迴路去視察野柳連，途中發現一輛大客車卡在橫越馬路新挖的一條橫溝的狹窄處動彈不得，我要求車上所有乘客下車合力推車，大客車通過了我的吉普車也就順利通過。北新莊山上有前監察院長于右任老先生的墓，其碑面向大陸，以示不忘大陸。他有一首感人肺腑的詩——「望大陸」其全文如下：

葬我於高山之上兮，望我大陸。

大陸不可見兮，只有痛哭。

葬我於高山之上兮，望我故鄉。

故鄉不可見兮，永不能忘。

天蒼蒼、野茫茫，山之上，國有殤。

有時回旅部比較晚，北新莊附近山上夜間的霧特別

濃厚，路旁長滿了近一人高的蘆葦，兩旁什麼都看不見，只有車上裝的霧燈照在狹窄的路面上，令人有一種蒼茫孤寂的感覺。

一天晚上下著傾盆大雨我已就寢，電話鈴突然響起，原來是少校情報官在房間被蛇咬了，他很機警地將咬他的小蛇打死裝在塑膠袋內。因急人之急就不管該蛇是否有毒，立刻按鈴叫醒傳令通知駕駛備車接情報官下山，那時師部在關渡口設有安全檢查哨，我將身份證交給哨兵並說明事由後，逕赴附近的馬階醫院急診室，將情報官情況弄清楚及處理後，原車返回旅部。

有一次步行回辦公室的路上，看到一位關禁閉的弟兄，醉醺醺的樣子，手指已有腫脹現象，原來他在摘取細竹為營區製作掃帚時被蛇咬傷了，竟然以酒消愁，我馬上命他坐吉普車直奔台北榮民總醫院急診室處理後帶回。

我的一個步兵營接受北部考核指揮部的測驗，視察完該營回程時發現一位中尉軍官，倚牆捧腹而立看來非常痛苦，我就命他上車開往新竹市的空軍醫院急診室，並要求見醫院院長，結果中校副院長來了，我就告訴請他好好照顧。我的吉普車除了供我機動之外也兼任救護

車。助人為快樂之本，何況他們都是我的部屬，內心充滿喜悅。旅參加北部考核指揮部的測驗，我平時最注意的是部隊的安全，因此能夠順利安全完成旅測驗的任務。由於我對部隊體能訓練比較嚴格，徒步的基層裁判官要跟上演習部隊的前進速度頗感吃力。

　　陸軍總司令馬安瀾上將集合全軍師、旅級指揮官，在陸軍總司令部舉行「忠誠講習」，講習內容是陸軍當前人事、情報、作戰訓練、後勤作業與政治作戰等方面有關規定與要求，都是講解的課程，因為坐得太久容易疲勞，我只有坐直挺胸全神貫注，每一課目結束時會有是非選擇題加深印象，我的成績不錯卻可能是全部人員中分數最低者，我注意到有一位少將師長，上課時多半在睡覺，但公布成績幾乎全部滿分，並且以此向他人炫耀。

13、國防部禮賓處

　　由於我有文武留學美國的經歷，上級認為我的英語能力不錯，因此將我調到情報參謀次長室的禮賓處擔任副處長。

　　處長是海軍少將丁大山，他的英語和西班牙語都很好。泰國來了一位退役上將和兩位退役中將，處長要我負責接待他們，我陪同他們經過禮遇通道進入國門，坐的是先總統蔣公曾經使用過的座車作為禮賓車，車的後座比較寬敞並有一個反向供翻譯人員使用的座位，我們赴日月潭遊覽再訪問金門。美國陳納德將軍的飛虎隊員來訪，國防部以盛宴歡迎他們，老隊員夫婦都非常高興。那時在南菲擔任武官的是唐飛上校，後來他的官路亨通，回國後很快晉升將軍，當上空軍總司令之後晉升一級上將參謀總長而國防部長，陳水扁總統利用他擔任行政院長，不久就將他當作擋路的石頭逼退。南菲國慶邀請我參加雞尾酒會，我和南菲駐華武官相談甚歡，發現

他們盆中的蔬菜竟然是用肉做成的。那時參謀總長郝一級上將看到我，我向他敬禮但他並未對我講話，不久我就接到赴三軍大學陸軍學院戰術研究班第二期受訓的命令，處長不諒解還以為是我主動要求受訓的呢？

14、戰術研究班

　　戰術研究班受訓時間共六個月，陸、海、空軍軍官皆有，多半是接受過三軍大學戰爭學院教育的軍官，所研究的是陸軍軍以上的作戰，教官都是有作戰經驗，且對戰術有研究的退役將官，他們的確有其所長，在老教官的指導下，我寫了幾個軍作戰的想定。斯時恰逢台灣南部舉行師實兵對抗演習，戰術研究班全體學員奉命前往觀摩，國防部、陸軍總部、各軍團及海空軍均派員參觀見學，演習完畢檢討會在台南陸軍炮兵學校大禮堂舉行，參謀總長郝一級上將主持。戰術研究班全體學員乘坐一部大巴士，車行逐漸緩慢最後停止，距離檢討會開始時間已很接近，我看情況不對，趕緊下車前往瞭解狀況，發現前方一百公尺處，因築路之故只剩一條車道，雙方車輛都堵在那裏，並無警察在那裏指揮交通，為了趕時間我只好權充交通警察，阻止對方來車只准我方車輛前行，其間有好幾部軍用轎車經過，其中一部是國防

部作戰次長黃世忠中將的座車，等到戰術研究班的大巴
士到達，我只好上車無法再管其他了，後來在檢討會場
見到黃次長，他說我是「丘巴頓」。畢業後我奉派陸軍
步兵學校戰術組服務。

陸軍戰術研究班第二期結業同學留影
中坐者為參謀總長郝柏村上將，作者於二排左一。

15、陸軍步兵學校戰術組

　　剛開始時擔任戰術組主任教官，後來晉升戰術組組長，於現地戰術開講之前會帶教官到達現地，根據地形地物的變化，對教案作必要的修正。對於圖上戰術則與主講教官共乘吉普車到現地，一個點一個點討論研究，對教案作適切的修正。由於對戰術研究比較深入，故而獲國軍民國七十年度保舉最優人員的殊榮。

　　參謀總長郝一級上將為了測驗旅級指揮官的戰術作業能力，命戰術組出題考核他們，我監考非常嚴格，步兵學校教育長對我說，你這麼嚴格監考會嚇倒他們，我說如果由於我嚴格監考會嚇倒他們，他們也不必在戰場上指揮作戰了。那次旅級指揮官還有一項戰場心理測驗，那是有機槍在上面掃射時的鐵絲綱下帶槍匍匐前進五十公尺，這樣平時養尊處優的旅級指揮官，這下子可有了感覺。為了安慰他們我特地買了幾個大西瓜切好，當他們到達終點滿頭大汗之際，能夠吃上一、兩片清甜

的西瓜，我想他們又會有不同的感覺。

　　陸軍總司令部派了兩位中校軍官要測驗我們學員的戰術作業能力，他們並不自己命題而是抽取我們的題庫試題，我嚴格不准事先透露測驗官所抽取的試卷給受測驗學官知道，測驗時也採取嚴格的監考措施。因此，學官們對試卷所作的戰術答案都不相同，測驗官對我說，怎麼你們學員的答案都不一樣，我說受訓學員的答案不一樣才是他們真正的戰術見解，如果對測驗試卷的戰術作為都一樣那就沒有意義了。

　　步兵學校服務期間，我曾暫調中國國民黨革命實踐研究班第四期受訓，對於當年經濟起飛之過程有所瞭解。令我印象最深的是有關中國鋼鐵公司之成立，趙耀東董事長是如何走遍全球，一面尋找當時最先進的冶鋼設備，同時以愛國心去感動當時在國外有成就的冶鋼工程師回國服務，因此中鋼的設備是當時最先進的，人才也是一時之選，並招考當時年輕有為的人才加以訓練，當時中鋼員工下班後亦以穿著中鋼制服為榮，外人不明原因就說，怎麼最近會有這麼多年紀比較大的「鐵鋼國中」學生呢？我們拜訪李國鼎部長，知道當時新高科技的發展經過。兩個星期的受訓時間很快就過去了。

　　步兵學校舉行全校軍官政治課程的總測驗，剛好輪
到我擔任校總值星官，為了考試公平公正，我要求測員
每人帶一塊圖板，在學校的大操場集合，每人相隔兩大
步散開作答，我想一定會有人叫好，亦會有人覺得這是
一項不得人心的創舉。民國七十二年四月我奉調國防部
計畫參謀次長室擔任計畫處處長。

革命實踐研究院研究班第四期結業合照
前排中為行政院長孫運璿作者於前排左二

16、國防部計畫處處長

國防部計畫參謀次長室計畫處處長，是國防部中最重要的兩個處之一，屬於一級少將職位，負責採購國外武器裝備的計畫作業，有海軍和空軍上校副處長各一，

處長任命令

　　海軍副處長苗永慶上校（後來當上上將海軍總司令），中英文文件數量甚多，因此每天都需要加班至晚上八、九點鐘才能離開辦公室。因為都屬於極機密文件，必須要由上校參謀以上軍官親自送往國防部的收發室簽收。會議都是由參謀總長親自主持，副參謀總長和三軍總司令與會。處中有我於官校任教時的優秀學生，陸軍上校參謀戴伯特（後來當上聯勤總部上將總司令）。下班時全處人員必須將文件鎖好，所有電器插頭拔除以防電線走火釀成火災。我為了對次長的指示能清楚記錄，特別買了一個小型錄音機放在上衣的口袋，有一次不小心讓次長聽到錄音的聲音，次長對我非常不諒解，因此工作了六個月，就被調離國防部到成功嶺擔任副師長，接我職位的是一位裝甲旅少將旅長。

17、成功嶺副師長

　　成功嶺位於台灣中部，以訓練大專學生的入伍教育為主要任務，不久師長崔德望少將調國防部計畫參謀次長室計畫處處長，王樹基少將接任師長。

　　民國七十三年首次舉辦國軍體能戰技競賽大會，主要內容為五項戰技：步槍射擊、刺槍術、手榴彈投擲、五百公尺武裝障礙超越及五千公尺徒手跑步，另外就是籃球、足球、排球、桌球、田賽及徑賽等項目。軍團司令柏隆鐏中將命我擔任軍團所屬兩個野戰步兵師、一個裝甲步兵師及兩個裝甲旅等五個單位精誠連的集訓大隊長，距離競賽大會剛好一百天，司令訓話時說戰技訓練別無他法唯有苦練，並說戰士應該要有粗獷的身體，主張在營區內活動時儘量打赤膊。我將司令的訓話歸納成兩句話：「嚴格自我要求才能達到訓練標準，凡是屬於技術的都是苦練成功的。」每次國父紀念週會，當我對聽訓部隊說「兩句話」時，首先舉手並正確背誦內容的

前排中者為 104 師師長崔德望少將，作者於前排右二。

崔德望少將為右二與幹部餐會，作者於右三。

前排中者為104師師長崔德望少將，作者於前排右三。

陸軍步兵第一〇四師恭賀師長王軍榮陞合影留念1.10.74

立刻上司令台領授獎金一百元，並要求全體官兵熱烈鼓掌，當時有一位副連長特別熱心，每次都迅速舉手並大聲背誦內容，因此頭兩次都是他獲獎，後來的國父紀念週會，我要求他讓機會給戰士們。

那時訓練大隊所住的營房尚未改建，故會有很多蒼蠅，對官兵的健康構成威脅。因為每個集訓的精誠連都有一位軍醫官和一個勤務排，於是我就命軍醫官把關，每天都要消滅蒼蠅，最初規定每個連每天要交給軍醫官兩千隻，視狀況逐漸減少，到後來勤務排必須要到周邊地區去消滅蒼蠅才能交差，這項工作一直持續到訓練結束為止，於是精誠連的伙房和餐廳都很難再看到蒼蠅了。

為防訓練時連隊官兵足部受傷，並增加五百公尺武裝障礙超越的難度，要在爬桿的下面增加大量細砂，在開訓之前我就自掏腰包買了一大車細砂，軍團部後來知道了，主動將我所花的錢還給我。各師級單位精誠連都有一位對五項戰技訓練有研究的領隊，其職務從副旅長、副營長到營作戰官不等。我於上午注意觀察完各連隊官兵對某一個單項的訓練後，午餐前二十分鐘，會集合各連領隊舉行座談，我將所看到的優缺點提出來，發現某一個連隊有特殊優良的訓練方法，也會提出來供其他連隊參考。我告訴五個精誠連，只要總成績第一名至第五名都屬於本軍團，那麼每一個連隊都是軍團的總成績第一名，所以大家一定要有共同勝利的團隊精神，因

此若有好的訓練方法，大家要提出來供大家分享不可藏私。

　　每個星期一於國父紀念週會完畢後，都會舉行五項戰技的測驗，主要是驗收各連隊上週的訓練成果，各連隊單項成績排名與總成績名次並不重要，重要的是檢驗自我的進步情形，所以受傷及身體不適的官兵由各連軍醫官裁定其是否適於參加測驗，以免小傷變大傷，到最後無法繼續接受訓練。測驗舉行兩個月之後，竟發現各連隊的手榴彈投擲成績不進反退，原來是手榴彈投擲訓練過量造成肌肉疲勞或輕微拉傷所致，於是便令各連隊減少手榴彈的訓練，在爾後的測驗中各連隊手榴彈投擲成績又恢復了進步。為了鼓勵官兵士氣，參加訓練的連隊官兵每週日均放假，但告誡弟兄不可抽煙飲酒，以免影響自己每週測驗的成績。

　　有一天中午座談會結束後，野戰二九二師精誠連領隊中校副旅長韓紅龍向我報告，說軍團發給他們新研發的六五式步槍（該新研發的步槍每一軍團單位都找一個精誠連試用以測試其性能）多半已不能連發，我即問他這款新型步槍是那一個兵工廠製造的，便立刻打電話給該兵工廠的廠長，經廠長同意後，立刻指示韓副旅長於午餐後將連上所有新型步槍的槍托卸下，槍桿放在吉普車上沿縱貫線緩慢南下二〇五兵工廠，人就住在兵工廠充分瞭解槍枝的保養情況，行前我寫了一張便條註明槍

桿的數目並蓋上我的官章以示負責，四天後韓副旅長返回訓練營，一切問題都解決了。這是一種迅速、有效而大膽負責的做法。後來該新型步槍打出第三名的好成績，第一名仍是本軍團裝甲旅的精誠連，其所使用者為美造的 M14 步槍，足見國造的新型步槍性能很好，但斯時使用該新型步槍的另一軍團精誠連，其射擊成績卻出奇的差，在二十七個師級單位的精誠連中名列最後，我想他們一定是未能將該新型步槍的保養關鍵掌握吧！五個精誠連在一起集訓，刺槍術在訓練及測驗時，可產生互相觀摩、切磋和激勵的效果，因此在國軍體能戰技競賽大會時都有突出的表現，分列第一、第二、第五和第六，都獲得獎杯。結果訓集大隊在國軍體能戰技競賽大會中得到總成績的第一、二、六名，含單項的前六名共獲得大小獎杯十六座，佔總獎杯數的 44%，其他二十二個師級精誠連僅得總成績的第三、四、五名，含單項前六名共獲得大小獎杯二十座。軍團司令柏中將為獎勵我的貢獻給我記一大功。

　　當我們五個精誠連在鳳山火車站前廣場等待上火車北上之際，我們將三座大獎杯及十三座單項獎杯置於地上與全體軍官幹部合影，各精誠連弟兄也與其所獲得獎杯分別合影。

　　獲獎不多的兩個陸戰師精誠連，正好於此時經過我們的隊伍，準備上火車南下時，戰士們都面無表情。和平時期軍隊戰技競賽有如戰時的作戰，勝利與失敗會有天壤之別。

　　陸軍總司令部命我赴南部訓練考核指揮部，擔任旅實兵對抗演習的統裁官，南考部指揮官任副統裁官，於檢閱完雙方的對抗部隊後，我特別規定雙方駕駛兵的任務只有：（一）車輛要保持良好狀態。（二）小心開車。（三）停車時立刻休息等三項，務使在演習過程中，駕駛兵隨時都有好精神開車，以保障車輛行駛中的安全。因此演習地區雖有不適於車輛運動的地形，但演習全程車輛未發生任何意外事故。旅實兵對抗演習是考驗旅長的戰術運用，但當雙方部隊形成膠著狀態時，統裁部必須依據地形狀況，增加假設的任務部隊於一方以誘導其作戰術上的進攻與另一方的退卻，從而考驗雙方戰術行動的正確程度，作為評分的依據。

　　師長王樹基少將休假，我代理師長，恰逢辦理備役軍官的教育召集，由於我的嚴格要求，其中一名備役軍官因故關禁閉，一時疏忽竟讓他有機會打電話越級報告陸軍總部的政戰部副主任，該副主任打電話要我放人，

作者(中)及精誠連得獎幹部與三大獎杯、十三小獎杯合照。

得獎精誠連及作者(中)與所獲獎杯合照

得獎精誠連及作者(中)與所獲獎杯合照

得獎精誠連及作者(中)與所獲獎杯合照

　　但我無法同意，該副主任是一位無是非觀念之人，據知他最終無法升級，仍以少將官階退伍。據同學凌根成少將說，有一次他與陸軍總司令蔣仲苓上將閒談，蔣說：「丘衛邦講的話都是對的，但都是做不到的。」這使我感到十分困惑！那有對的話會做不到呢？

　　成功嶺指揮官丁之發中將（後來晉升上將聯勤總司令）覺得營區所樹立的先總統蔣公銅像似乎小了些，要我更換一座比較大的塑像，並規定要在一夜之間完成任務，我於是和師裏學工程的預備軍官共同研究作業細節，向駐台中工兵基地任指揮官的董瑞林同學，洽借了十五噸吊車將原來的銅像吊離，再將蔣公塑像吊上，使用快乾水泥加以固定，忙了一夜終於圓滿達成任務，丁指揮官非常滿意。

　　郝柏村參謀總長對國軍教戰總則十八條條文要求軍官背誦，我採取每週測驗三條的辦法，測驗未通過的軍官要重測，一直到十八條條文都通過為止。軍團派員驗收成果，我配合並協助監考，後來軍團發文說我師成績最佳，且於附註欄特別載明測驗時秩序最良好。據說本師軍官調離至其他部隊服務尤其是國防部者，每次測驗國軍教戰總則成績都是最佳，獲得很好的讚譽也使我感

到欣慰。據說柏隆鑰司令後來擔任陸軍副總司令，於研究升將官名單時，有人對我是否適於升將官有意見，柏副總司令直言，如果丘副師長不能升將官，試問何人可以升將官呢？語云：「德不孤必有鄰」誠哉斯言。

我於民國七十五年元月一日晉升陸軍少將，不久軍團司令趙萬富中將調金門防衛司令部同時晉升上將司令官。離職前司令特別要我對全軍團官兵作一次步槍射擊的講解與示範，溫故知新對我和全軍團官兵而言，都是一件值得回憶的事體。

汪多志中將接任軍團司令，軍團部舉辦四梯次連長集訓，司令命我擔任集訓大隊長，我規定學員聽課時一律挺直腰桿，坐椅面的三分之一，使他們上課時精神能更集中，但對連長們應有的福利也很注意，星期六中午課程結束後，我商請台中市公車開進軍團營區，送他們到台中市，星期天晚上九時在台中市公車站內集合收假，當連長能夠週末休假回家是一大福利，因此學習情緒都得高昂。

作者主持 104 師軍官團教育

作者主持 104 師兵棋推演

作者擔任南考部統裁官檢閱對抗之受測旅

作者檢閱 104 師受測部隊

作者對軍官召訓部隊講話

作者檢閱軍官召訓部隊

參謀總長宋長志上將為作者授少將階

陸軍總司令蔣仲苓向丘衛邦少將道賀

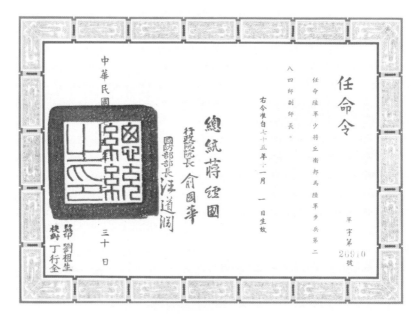

副師長任命令

18、金門副師長

　　金門防衛司令部趙司令官對我訓練部隊相當信任，
據說趙司令官一直要將我調往金門，於是我於民國七十
五年十月一日奉調金門，師長羅吉源少將命我兼負精誠
連的訓練任務，七十六年國軍體能戰技競賽大會，我師
獲總成績第三名。為充分準備七十七年國軍體能戰技競
賽大會，精誠連按部就班的加強其體能戰技。通常早上
我會到精誠連主持早點名，然後做體操，重點在全連做
伏地挺伸，我在司令台上一面喊一面做四十個標準的伏
地挺伸後起身，再從四十一喊到一百，有時還會多送二
十個，此時弟兄們會哇哇叫，官兵的伏地挺伸動作初期
不一定很標準，但他們至少雙手要撐在地上，漸漸地自
然會增加其標準姿態的個數而增強臂力，臂力的增加對
步槍射擊的穩定有很好的效果。因為我以身作則之故，
全連官兵都不可能有偷懶的，體操完畢之後就是五千公
尺慢跑，我親自帶隊並領導打數，一二、一二、一二三

一一四，接著是連長、副連長、輔導長、各排排長、各班班長、副班長，最後是每一戰士，最初戰士領導打數時會怪聲怪調，頗能給全連官兵產生娛樂的效果，漸漸的戰士們打數聲音也逐漸宏亮起來了，這對將來刺槍術的喊殺聲有很大幫助。跑步完畢接著是齊步走回營區，此時血液循環特別良好，歌聲也特別嘹亮，回到營區最後一項是爬桿訓練，我也爬爬看，漸漸的我也能手觸桿頂，贏得官兵們一陣掌聲，帶兵的甘與苦可以嘗到一些滋味。如我因故不能親自帶領時，會要求連長也按照我的規定方式去做，使全連官兵做體能訓練形成一種習慣。駐連軍醫官要負責全連官兵的體能發展，受傷的弟兄有必要到金門城看中醫的，在軍醫官的指導下看鐵打醫生，醫藥費由連隊負擔。

為了給精誠連官兵有足夠的主食，師長規定全師各營每月要支援精誠連一袋白米。我嚴格規定精誠連官兵不准吸煙與飲酒，因為這兩件事對身體只有壞處毫無益處。五百公尺武裝障礙超越是一項最費體力的戰技，於金門防衛司令部舉辦各師比賽時，我會站在終點迎接弟兄，經常會看到官兵因體力耗盡而倒在終點線之後，實在令人感動。

作者（金門少將副師長）檢閱部隊正步

任金門少將副師長示範正步

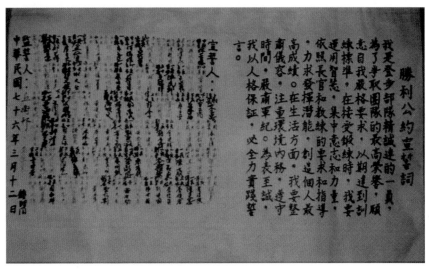

作者親書 284 師精誠連勝利公約並簽名

　　有一天我心血來潮要到金東地區看一看反空降樁及
海水養殖情形，忽然有一部吉普車擋住我的去路，從車
上走下一位少校軍官，很恭敬的向我敬禮，原來這位金
東師的營長，是我在北新莊擔任旅長巡視營測驗訓練後
回程時，將他送到新竹市空軍醫院急診室治療其肚子劇
痛的那位中尉軍官，戰地重逢相談甚歡，馬山連恰好是
他的防區，我說要到馬山去看一看，他便為我帶路。馬
山距大陸甚近，是當年對大陸心戰喊話的地點，也是當
年馬山連長林正義上尉叛逃大陸的地點，林正義熱衷國
家統一，大陸也悉心培養他成為經濟學博士，他改名林
毅夫是世界知名的經濟學家。趙萬富司令官調陸軍總司
令部任副總司令，黃幸強中將接司令官同時晉升上將。

　　民國七十七年六月十六日在陸軍步兵學校舉辦國軍
體能戰技競賽大會，本師精誠連有信心可以獲得總成績
第一名。步槍射擊分七十五公尺立姿，一百七十五公尺
跪姿和三百公尺臥姿，每一種姿勢射擊都有時間限制，
三百公尺臥姿射擊能否將目標看清楚顯得非常重要，於
是我便拜訪陸軍第二總醫院的少將院長，請他給我們弟
兄檢查眼睛，結果有二十八位官兵需要佩戴眼鏡，我補
助每位配眼鏡弟兄一百元，連部亦補助一百元，這樣一

任金門少將副師長嚴訓精誠連

任金門少將副師長嚴訓精誠連

任金門少將副師長嚴訓精誠連

任金門少將副師長嚴訓精誠連

任金門少將副師長嚴訓精誠連

任金門少將副師長嚴訓精誠連

來淺度近視者可能只要花很少錢就可以獲得寶島眼鏡公司所配的眼鏡，如此對三百公尺的目標可以看得很清楚。比賽結果全連總平均成績為 93.94 分，而第二名的總平均成績為 91.75 分，我們足足贏了 2.19 分，相對於第二個最佳連隊的總平均成績而言是相當大的差距。刺槍術比賽，由於官兵平時臂力訓練很強，五千公尺徒手跑步時全連官兵都能領導打數，所以聲音都很宏亮，因此刺槍術比賽時整齊有力，喊殺聲音非常大，相隔五十公尺之外體育館內觀看球賽的人都跑過來看我們刺槍。刺槍術的評分是由五位裁判官負責，去掉最高分和最低分，將中間三位裁判官給分的平均分數作為最後的分數，五位裁判官中有二位是陸戰隊的體育教官，見到我們的表現特別優異，恐怕會影響到陸戰隊精誠連的名次，都將我們的分數打得不合理的低，因此去掉一個特別不合理的低分，還是會有一個特別不合理的分數，最後結果在二十七個師級單位精誠連中，我們的名次倒退到第十五名，據說當我連比賽完畢後發現成績不合理時，裁判長曾對兩位陸戰隊的裁判官提出警告，告訴他們爾後比賽時若再發生這種不合理低分狀況，將取消他們的評分，而以前三名的評分為標準。我當時應該向大

會提抗議，要與刺槍術第一名的連隊，在長官的監督下公開再行比賽，很可惜我當時並未如此做，現在想起來是我的失職。斯時，當連上弟兄問我時，我只能對他們說：「我們的成績當然很好。」這等於欺騙了弟兄，為爭公道更為了弟兄們的苦練，我不應該妥協才是！

五千公尺徒手跑步是以全連到達終點計算時間，不超過二十二分鐘即為滿分。我們平時訓練已有很好的基礎，達到滿分不成問題，唯一要注意的是全連跑步時的配速問題，前排軍官最重要的是穩住步伐，起跑時務必要慢，然後逐漸加速至正常速度。正式比賽那天，我和軍醫官同坐吉普車在部隊後面跟隨，當部隊向前跑了一千公尺左右，就發現隊伍中有一名戰士猛冒虛汗，不久就在隊伍中倒下，當時部隊有淩亂現象，我立刻下車告誡連長千萬穩住部隊情緒，要按平時訓練速度於二十二分鐘之內到達終點便可，暈倒的戰士我和軍醫官會妥為處理。當時戰士倒下的位置距離步兵學校醫務所只有一百公尺左右，我要軍醫官照顧暈倒的戰士，要駕駛兵加速到醫務所，要他們立刻派救護車將該戰士接來。少尉預備役軍醫張文道是陽明醫學系畢業的，很有魄力，當即對該戰士雙臂靜脈同時注射生理食鹽水，當兩千西西

點滴完畢，戰士才醒過來，我們陪他走出醫務所。不久，他說有尿意，我們便陪他到附近營房的廁所，當發現他的尿液呈白色時，我和軍醫官都會心一笑，感覺非常安慰。顯然，戰士的腎臟並未受損，我問他為什麼會暈倒，他說昨天晚上老戰士告訴他，跑步之前喝水，跑步時會肚痛，所以昨晚就沒喝太多水，今天早上喝水更少。我告訴他喝水對身體很重要，適量喝水是必要的，尤其在劇烈運動之前更為重要。這次全連在二十二分鐘以內到達終點，因缺少一名戰士，故只獲得 97.5 分。

五百公尺武裝障礙超越，參賽者背槍在兩分半鐘以內完成（一）超越橫桿（參賽者通常是跳越橫桿），（二）超越短牆（參賽者通常跳高使用衝力以足接觸牆面，身體向上低姿越過短牆），（三）跳通沙坑，（四）爬竿（參賽者必須手觸桿頂後以手拍擊才能下滑），（五）走過獨木橋，（六）匍匐前進通過鐵線網等障礙物後跑抵終點即為滿分。比賽場地成環形，四人一組同時起跑超越障礙物，而以最後到達終點的選手計算該組的到達時間，我於是要求速度最慢的選手跑內圈，速度最快的選手跑外圈，速度快的選手在跑步時要鼓舞慢的選手加速，力求全組在兩分半鐘內同時到達終點。正式比賽那

天我在終點觀察，發現其中一組速度滿分但卻被扣了兩分，於是我便進入比賽場地瞭解狀況，原來負責短牆的陸戰隊士官，對過牆時明明身體姿勢很低卻加以扣分，我警告該名士官不可以不公正，結果五百公尺武裝障礙超越只得 99.98 分，但仍是該項目的最高分名列第一。

五項戰技的總成績名列全軍的第二名，除獲得總錦標第二名的大獎杯外，還獲得射擊及五百公尺武裝障礙超越第一名的獎杯，手榴彈投擲第二名的獎杯。

284 師精誠連五百公尺武裝障礙超越冠軍合照

作者(中)與284師精誠連合照

作者嚴訓 284 師精誠連照片

284師精誠連獲全軍第二名的慶功會

284 師精誠連獲全軍第二名的慶功會

284 師精誠連獲全軍第二名的慶功會

↑作者與精誠連自願
延役戰士合照

作者於太武山毋忘在莒
巨石與警戒戰士合照

作者於金門前線留影

作者於金門前線留影

　　黃幸強司令官調升陸軍總司令，程邦治中將接任司令官並晉升上將。金門防衛司令部舉辦師、旅長軍官團教育，我奉命擔任教官，所研究的是師作戰的圖上戰術。依往例於研究圖上戰術前會出幾道與戰術相關的題目讓師、旅長作答。當時我費盡心機出了五道有關戰術原理的題目，都是我多年研究戰術心得的結晶，在作戰準則中是無法直接找到答案的，必須對戰術融會貫通後才能找到確切的答案，這或許是我所能提供給前線師、旅長們參考的戰術見解吧！民國七十七年四月一日父親在美國舊金山仙逝，享壽八十歲，我因在金門前線戍守，不克於他臨終前見面，甚覺不孝亦深感遺憾！

　　感於李前總統登輝先生明統暗獨影響國家前途與人民福祉甚巨，為救國救民善盡匹夫之責，深感離軍從政更具意義，乃於民國七十七年九月二十六日甫滿五十之齡申請提前退伍，民國七十七年十二月一日生效，提前了六年九個月退伍（退伍前一年考績列特優）。

申請提前退伍報告書

職自從軍以來，蒙國家培育，得以先後於國內外接受完整之軍事教育，且有幸參加國防公費赴美求學，獲頒密西根大學土木工程碩士學位。職對所派任職務，均抱戰淬履薄精神戮力以赴，生活與操守亦持嚴肅與廉潔態度，期毋負長官教誨。除於官校、步校任教及短期服務國防部外，以任職野戰部隊時間較久。主要經歷為旅長二年六個月、副師長五年，雖然於此能力與志趣所在之帶兵、練兵職務上全心投入，績效卻始終未臻理想。宜乎及早讓出將級職缺，使後起之秀得展長才，故懇請准予提前退伍，俾早日能自軍事之外發揮所長，對黨國有所貢獻也。

陸軍步兵第二六四師
副師長陸軍少將 丘衛邦 謹呈

中華民國七十七年九月二十六日

申請提前退伍之
有關資料

陸海空軍軍官考績評鑑比序表(摘要)

(自76年7月1日起至77年6月30日止)

姓名	丘　衛　邦	級職	少　將 副　師　長

委　員　會　評　鑑				委　員　會　人　事　建　議							
項目建議區分	委員編號	委員評鑑	分項評鑑	綜合評鑑	項目建議區分	1 晉升	2 優調	3 調職	4 送訓	5 給獎	6 淘汰	預估潛力 (預判未來勝任何階何職)

思想品德	1	特　優	特優	特優	初考委員會		1					少將師長 E200281
	2	特　優										
	3	特　優										
	4											
	5											
	1	特　優	特優		覆考委員會		1					少將師長 E200281
	2	特　優										
	3	特　優										
	4											
	5											
工作績效	1	特　優	特優		審核委員會		1					少將師長 E200281
	2	特　優										
	3	特　優										
	4											
	5											
才能學識 (發展潛力)	1	特　優	優等		審查長官							
	2	優　等										
	3	優　等										
	4											
	5											

體格	身高	165	甲上
	體重	62	
	等位	2	

優點:篤信三民主義,忠黨愛國,待人忠誠做事踏實,高領導力,實踐力,對任務遂行,能排除萬難,貫徹到底。七十七年國軍體能戰技運動大會擔任領隊,獲精誠連組第二名績效卓著。

缺點:魄力有餘,惟處事方法,尚欠週延。

退伍前一年考績列特優

作者榮退部屬熱烈歡送盛況照片

作者榮退部屬熱烈歡送盛況照片

作者榮退部屬熱烈歡送盛況照片

作者榮退部屬熱烈歡送盛況照片

作者榮退部屬熱烈歡送盛況照片

作者榮退部屬熱烈歡送盛況照片

19、受聘輔導會將官研究委員

　　行政院國軍退除役官兵輔導委員會，秉承層峯德意，聘請退役將級軍官擔任研究委員，旨在借重退役將官長期建軍備戰之實務與學養，賡續為國家軍經建設及

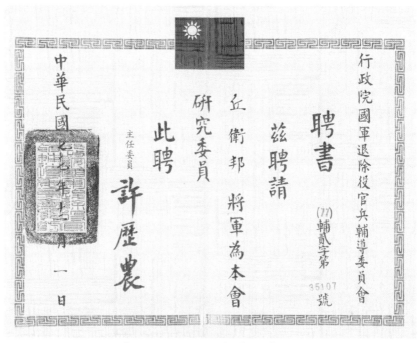

當選將官研究委員證書

　　輔導事業貢獻心智。有關全盤研究工作之執行，係依各研究委員專業、志願編成小組，以定期集會、個別研究及專題座談等方式併行，定期驗收成果，評定成績。

　　我於民國七十七年十二月一日受聘將官研究委員，每次定期集會均發表對國家建設與前途之諍言，並先後完成了（一）如何建設台灣改變大陸，達成「以三民主義統一中國」目標之研究。（二）中國和平統一理論與實踐。（三）如何增強國力之研究。（四）積極奮發的人生理念——正確人生的方向。以上三篇專題報告，因內容精闢，均評定為佳作，第四篇實為我終身奉行之圭臬，由於立論正確內容充實，獲頒該期二等獎，獎金新台幣三萬元。茲列全文如下請雅正。（積極奮發的人生理念——正確人生的方向）　　附件二

20、發起並參加 「中華黃埔四海同心會」

中華黃埔四海同心會之初創，我和黃璉學長(黃埔十六期是黃承華將軍的尊翁)過從甚密，我是負接送他的駕駛，於決定敦請那一位德高望重的老學長擔任第一任會長時，最初我們想到黃埔第二期的張炎元將軍，幾經研究還是覺得敦請第一期的劉璠將軍較為合適，於是便驅車前往劉璠將軍的府邸，他欣然接受了我們的邀請。因此，我和黃璉學長應可說是中黃埔四海同心會最原始的發起人了。

民國八十年四月我隨「中華黃埔四海同心會」參訪大陸，主要活動為恭謁黃帝陵、中山陵，參觀黃埔軍校舊址、兵馬俑、華清池、北京故宮、天安門及長江大橋等。「大陸黃埔軍校同學會」邀請「中華黃埔四海同心會」參訪目的，在說服參訪團贊成中共之「和平統一，一國兩制」構想，而「中華黃埔四海同心會」於行前，

中華黃埔四海同心會連宋後援會成立。前排右三為何志浩老將軍右二為黃璉學長右一為作者。

黃埔建軍九十週年書畫展演講者為蔣緯國上將，左一為宋長志上將，右一為黎玉璽上將，右二為陳立夫老先生，右三為作者。

蔣緯國上將為作者佩戴中華黃埔四海同心會會章

曾兩次詳細研討有關國家政策、立場等問題，且依研討
結論印製成「答客問」小冊子，附錄「國家統一綱領」
作為大陸參訪期間，公私場合討論到政治問題時參考資
料與發言依據，團員於參訪期間均表現良好，尤其團長
劉瑤將軍（黃埔第一期），於北京中南海，中共總書記
江澤民先生等人接待訪問團全體團員時，明確告知欲求
國家統一，中共方面必須具備誠懇態度，否則一切都是
空談，並質疑中共為何不放棄「四個堅持」及「武力攻
台」等不合宜之政治主張，表現得最為傑出。

　　於北京「黃埔軍校同學會」之座談會中，我發言否
定「和平統一，一國兩制」，因為台灣同胞不可能接受，
而國家統一於國父孫中山先生之國民革命目的才是正途
等語，當我發言之際，大陸「黃埔軍校同學會」學長，
有人表現出緊張情緒與不以為然的態度，但我自認基於
熱愛中華民族前途的光明正大立場，早經深思熟慮並確
信其為真理，終必會為大陸黃埔同學所認同而處之泰然。

　　在廣州「廣東省黃埔軍校同學會」座談會中，承團
長劉瑤將軍之命，我的發言要點乃為：「中國之和平統
一是中華民族的神聖使命，必須由兩岸中國人共同達
成。因此必須要有共同的理念。」第一、中華民族的前
途取決於兩岸中國人的精誠合作。第二、富強的台灣對

1991 年 4 月中華黃埔四海同心會受邀參訪大陸，中立者為江澤民總書記，前排右三為作者

中國的和平統一是重要的資產和力量。第三、大陸地區應透過兩岸的經濟與外交合作，協助台灣地區擴展其發展空間，壯大國家和平統一的實力。第四、大陸地區政府應協助台灣地區消滅台獨思想，其中很重要的一項措施，就是中共應坦然宣布，只要台灣地區永遠不獨立於中國之外，就永遠放棄使用武力攻擊台灣地區。第五、中國的統一，一國一制比一國兩制合理可行，當兩岸政府都能實現中山先生的政治與經濟理想時，兩岸必然統一於相同的政治理念之中，但一國兩制必然會窒息台灣地區的生存空間，間接摧毀了協助大陸地區政治發展的力量。第六、中共應依據中華民國的「國家統一綱領」積極發展統一國家的作為，但卻必須對等協商達成共識，訂定「國家和平統一推行計畫」，穩健循序進行。

此次訪問大陸為個人離別大陸地區四十三年後的第一次，在西安時遙憶唐太宗主政長安的盛況，人口百萬以上，外國留學生達三萬餘人，當年的中國是何等泱泱大國，而當時的國家領導人的遠見、魄力、胸襟和氣度又是何等偉大，深夜沉思不禁神傷。

自首次參訪大陸，爾後曾多次應邀參訪大陸。二十餘年來在所有參訪行程中，均致力於國家民主和平統一之宣揚。

21、當選中國國民黨第十四屆
候補中央委員

　　民國八十二年八月當選中國國民黨第十四屆候補中央委員，於出席全國黨員代表大會時，全力防止黨之分裂，曾有下述之作為：（一）大會於台北市第一國際會議中心召開，有中央評議委員、全體黨員代表及黨部工作人員等共三千餘人與會，在場所有人員均聽得懂國語，但有一位黨員代表居然用閩南語發言，這顯然是在分化黨員同志間的團結，斯時的大會主席卻不加制止，於是我就站起來，用對長距離能聽清楚的方式向該黨員代表發聲：「你－難－道－不－會－講－國－語－嗎－」，該代表下一句就說出極標準的國語來，我想如果我不對他加以阻止，往後說不定不知會有多少黨員代表以閩南語發言呢？我真為這位不明事理的大會主席感到羞愧！（二）先總統經國先生逝世後，李副總統登輝先

生依憲法規定繼位且當選了中國國民黨主席，於繼任第八任總統競選前夕，李總統曾專程拜訪司法院長林洋港先生，承諾於總統任滿後，會支持林院長競選第九任總統，此事見於當時所有報端。現在李先生第八任總統任期即將屆滿，理應依原先承諾支持林先生競選第九任總統，但李先生食言而肥，於第十四次全國黨員代表大會中，操控由黨員代表投票產生第九任總統候選人。斯時若由全體黨員代表投票產生總統候選人，則李先生有明統暗獨污點，加上未信守政治諾言，李先生欲競選總統候選人，極可能得不到黨員同志的認同，若未能由全體黨員投票產生總統候選人並不合理也不公平，更會造成黨的分裂。

李登輝主席顯然違背中國國民黨孫中山總理統一國家的遺志，若其連任總統則會對國家前途造成不利，而林資政洋港先生卻是主張國家民主和平統一的，於是我在黨員代表大會中兩次力主以無記名投票方式決定由黨員投票決定總統候選人的提議，可惜勢單力薄而未成功。因此林資政洋港先生只好於十四全開會期間自行宣布參選第九任總統。

此外我於中央委員會議，乃至列席中央評議委員會

議，均勇於發表對抗台獨意識防止黨分裂之言論，力圖挽狂瀾於將倒。斯時中國國民黨主席李登輝先生，已明顯有意培植以分裂國家為宗旨的民主進步黨，並製造中國國民黨分裂之意圖。我乃於民國八十三年十二月十六日與全會代表菁英，包括報章董事長、退役將官、教授、博士、律師及企業總經理等共十人發起，由我撰寫「第十四屆全國黨員代表救國救黨決議書」，列舉李登輝主席就任總統以來，所犯錯誤中之大者共十條，要求李主席主動辭黨主席職，決議書共印了三千份，惜響應者寥寥而被作罷。

民國八十九年李登輝主席支持連戰副總統競選第十任總統失敗，憤怒的中國國民黨員，於中央委員會大門前集合，強烈要求李主席要為敗選負責下台。李主席請辭後不久，竟成為強烈主張台獨之「台灣團結聯盟」的精神領袖，於是中國國民黨不得不撤銷李登輝先生的黨籍。

十四全當選證書

第十四屆全國黨員代表救國救黨決議書　附件三

22、當選梅園新城自治會會長

陸軍總司令部於台北市先後建築了不少專供現、退役軍官眷屬購買住宅的現代化眷村。我於退伍前便申請到台北市可供兩百四十八戶家庭進住的梅園新城。民國八十三年我當選了梅園新城的自治會會長，同時也是自治會的主任委員，當時我的得票數為百分之六十，為了團結和諧，於是敦請與我競選會長的學長任副會長兼副主任委員，他欣然接受；此後連續兩屆我都爭取到與我競選會長的學長出任副會長兼副主任委員。第三任時適逢社區的九部電梯因使用了十七年，已到達必須換新的程度，我於是請住在台中市從事製造電梯的友人，為社區新電梯的製造訂出標準，向台北市的電梯製造公司發出邀請函，結果願意參加本社區製造電梯，經我不預期的率領社區委員參訪，瞭解其過去業績及目前的業務狀況，結果選定了最佳的三家，約定時間請他們到社區會議室來投標，於決定投標金額的前五分鐘，臨時決定由我、副主任委員及總幹事三人各人寫出更換九部電梯的總價，然後將三人的總價的平均價作

為底價。結果有一家出價最低而且也低於我們決定的底
價，於是我們便讓他負責為我們製造新電梯，其餘兩家雖
然無法得標也感覺公平、公正而毫無怨言。我卸任後，接
任自治會會長兼主任委員的鄧雪瑞將軍負責盡職。嚴格監
督廠商對電梯之製作，效果良好。

梅園新城自治會會長當選證書

23、參加第三屆台北市南區立法委員競選

　　民國八十五年三月二十日第九任總統選舉，也是第一次實施總統普選，於第三屆區域立法委員選舉之後舉行。我是反對李登輝而支持林洋港競選總統的，自許為正統的中國國民黨黨員，以無黨籍身分參選第三屆台北市南區立法委員。競選期間於台北市國軍英雄館舉辦籌款晚宴，席間林資政洋港致辭要點：「丘衛邦先生是一位愛國家。愛中國國民黨的優秀黨員，我為他強烈的使命感與責任心所感動，像這樣不計利害得失而肯犧牲奉獻的人，大家要支持他。」蔣資政緯國將軍致辭要點：「丘將軍是一位國家至上、民族第一的優秀將領，凡擁護三民主義的人都應該支持他。」陶滌亞將軍致辭要點：「一百年前，甲午戰後，他的祖先丘逢甲先生，為了保衛鄉土，以孤臣孽子之心反抗日本人，一百年後，丘將

軍為了黨、為了國,維護正統,挺身而出,支持丘衛邦就是支持中華民國。」何志浩將軍致辭要點:「丘將軍是我們黃埔軍校最出色的將領。」我當時提出的重要政見與主張計有⑴不獨立,不急統;儘速建立台海兩岸互惠合作制度,於統一過程中互蒙其利。⑵以福國利民為宗旨,揚棄政黨藩籬,提升立法功能及法案品質。⑶貫徹司法獨立,保障人權;建立文官制度,合理調整基層公務人員待遇。⑷強化監察院功能,成立肅貪部,有效防杜貪腐行為。⑸有效抑制土地投機,使住宅價格合理化,降低工商土地成本。⑹提高中、小學教師待遇,健全教育體系,因材適教,有效加強國民就業能力。⑺研究並重新評估全民健康保險制度;保障並增進弱勢團體權益。⑻協助宗教淨化人心,獎勵社會服務團體,注重環保,有效提升國民生活品質。⑼有效宣傳、查緝並嚴懲走私、販賣、製造毒品及槍械行為。⑽有效提高職業軍人待遇,加強國防建設,確保國家安全。⑾提高警官(察)待遇,充實警用裝備;有效打擊罪犯。⑿有效提升退(除)役軍人地位、權益。⒀總統、副總統、一級上將及五院院長有義務終生定居國內,繼續貢獻智慧,建設國家。⒁部會首長、中央民意代表及二級上將離職

後十年內，有義務定居國內貢獻國家。⒂凡判刑者，終身不得為民選官員及民意代表候選人；嚴密規範民選官員及民意代表候選人道德標準。⒃採小選舉區制，嚴格限制競選使用經費，徹底貫徹廉潔選舉。⒄摘取國父孫中山先生三民主義精髓與大陸地區學者、專家共同研討，完成適合現代標準之三民主義修訂本，作為指導兩岸經濟、政治發展以及國家民主和平統一之依據等十七項、由於缺乏中國國民黨之奧援，落選是必然的結果。

作者參選台北市南區立法委員相關活動照片

作者參選台北市南區立法委員相關活動照片

作者（左二）參選立法委員第三十期同學前來支持合照

競選總部成立蔣緯國上將（左一）前來道賀

新同盟會北投分會成立作者
陪同蔣緯國上將出席

蔣緯國上將(中)與作者交談

作者與林洋港資政合照於其官舍

第三屆立法委員台北市南區候選人丘衛扔募款餐會

貴賓林洋港資政致詞

貴賓何志浩將軍致詞

貴賓蔣緯國上將致詞

貴賓陶滌亞將軍致詞

24、受聘中台禪寺建築工程諮詢委員

　　由於前妻邱壽美女士為台灣南投縣埔里鎮中台禪寺主持惟覺老和尚的忠誠信徒，老和尚給了個在佛教界來說極受尊崇的教名——見性。遙憶二十多年前赴靈泉寺拜望老和尚時，寺內僅有一僧一尼，我和前妻經常可向老和尚問道達數小時之久，前妻建議要奉獻一筆較大款項給老和尚　，於是我們就用報紙包了新台幣壹佰萬圓奉獻給老和尚。中台禪寺於民國八十五年建築工程開始之後不久，老和尚知道我是美國密西根大學的土木工程碩士，也是陸軍官校的副教授，故聘請我擔任中台禪寺建築工程的諮詢委員，在建築工地附近構築了一座鋼骨結構的監工人員宿舍，提供給我住宿的是設備完善的單人套房。

作者與惟覺老和尚攝於靈泉寺

作者與前妻及兒子拜會惟覺老和尚

作者向惟覺老和尚請益

工 程 人

丘衛邦
職稱：諮詢委員
學歷：美國密西根大學
　　　土木工程碩士
經歷：國防部　　上校處長
　　　野戰師　　少將副師長

見棄法師
職稱：中台禪寺新建工程　監工
學歷：高雄工專　土木科
經歷：竟衡鋼構公司　工程師

許文喬（傳德）
職稱：中台禪寺新建工程總監工兼
　　　週遭工程總監工
學歷：台北工專　土木工程
經歷：吳玉盛建築師　監工、設計
　　　三井工程公司　高級專員
　　　富群、莘眾營造　所　長

見楞法師
職稱：中台禪寺新建工程　監工
學歷：高雄工專　土木科
經歷：宏業建設公司　監　工
　　　台灣省住都處　企劃組

洪千惠（傳芹）
職稱：設計部　幹事
學歷：成功大學　建築研究所　碩士
經歷：李灼民建築師事務所
　　　宜真建築師事務所
　　　車夢熊建築師事務所　主任設計師
　　　陳耀如建築師事務所
　　　郭書勝建築師事務所

見途法師
職稱：普天大樓　監工
學歷：東海大學　國貿系
經歷：福族建設公司
　　　總經理稽核　監工

丁福全（傳全）
職稱：修繕組
學歷：高雄科技學院　電機工程
經歷：中國石油公司　發電總領班

見育法師
職稱：室內裝飾組
學歷：實踐大學

蔣昭英（傳恭）

作者受聘建築工程諮詢委員照片

捷安特董事長(前排右二)拜會惟覺老和尚(中)作者(後排右三)

作者受邀參加中台禪寺新建工程啟用暨
佛像陞座開光灑淨大法會

　　中台禪寺為名建築師李祖源先生所設計之高層的建築物，為使禪寺能承受八級地震，地基挖得很深，鋼筋用量亦較正常設計增加 20%，使用預拌混凝土為較高標準的 4,000psi，為保證預拌混凝土的品質，寺方自己有一座預拌混凝土廠，由有預拌混凝土製作經驗的和尚負責操作。

　　當地基的鋼筋完成構建，從其他地區邀請前來的甚多預拌混凝土車均已就位，準備從各個不同方向澆灌混凝土之際，不知何故寺方主事和尚卻遲不下令開始澆灌，由於預拌混凝土持續攪拌過久會降低其強度，我於是當機立斷下令開始澆灌，當所有就位的預拌混凝土車，從地基的四面八方往下澆灌時著實非常壯觀。事後我向惟覺老和尚說明要及時澆灌預拌混凝土的理由，據說老和尚對寺方主事和尚說了一頓。

　　我這個建築工程諮詢委員並不是坐著等人來向我諮詢，而是主動到工地發掘問題並尋求解決。我的日常生活，一般是提早起床到附近山上做晨間運動，早齋後到實際從事工程作業的啟阜工程公司之中台禪寺建築事務所，瞭解工程進度並依需要巡視工地，午齋後午睡按時起床巡視工地，有時會到寺方的預拌混凝土廠視察沙石

品質與瞭解混凝土的預拌狀況，晚齋後會和住在工地從事工程業務的青年朋友散步，晚上在宿舍看書就寢。在工程最為緊要的三年八個月期間，我委實看了不少書。在政治方面有南非總統曼德拉的自傳——漫漫自由路，描寫他如何以律師身分，為南非黑人的自由與白人政府爭辯，在獄中二十七年歲月是如何度過的，在出獄的前夕白人政府是如何保護他的安全，在他當選南非總統後對白人並不懷仇恨報復之心，他也和印度的甘地一樣，都受到全人類的敬仰。新加坡總理的自傳講述日本佔領新加坡初期，他是如何識破日本人誘殺青年人的詭計而得以存活，日本投降後他赴英國求學，三年時間就獲得劍橋大學的法學士學位，而與他在英國結婚的夫人晚他一年才赴英，兩年就獲得法學士學位。

　　新加坡與馬來亞本來同屬馬來西亞，但馬來西亞的東姑拉曼政府腐敗，很怕清廉、有效率、得民心的李光耀政府，有一天會取代馬來人成為馬來西亞的領導者，於是乃將新加坡逐出馬來西亞。李光耀政府對新加坡勵精圖治，教育與世界接軌，融合各民族團結奮鬥，終於將新加坡建設成為進步的，亞洲四小龍一員，在世界的各項評比中均名列前茅，對兩位偉人的自傳各看了三

遍，對我的啟示甚多。有時晚間會乘坐在寺方工地從事工程業務青年朋友的便車，到埔里鎮逛街、小吃甚至在室內游泳池游泳做三溫暖。週末則自己開車或乘友人便車返台北市，生活倒過得自由自在。記得有一次路過賣手扒雞約小店，買了一隻烤雞，竟然可以將整隻雞吃了，因在寺院吃素已有數日之久了。

　　為配合啟阜中台禪寺建築事務所的作業，寺方集合了有工程經驗的和尚、尼姑，加上聘請的幾位負責工程事務的青年朋友，也成立了中台禪寺建築工程事務所，該所師承老和尚的指示，對佛像、蓮花、與佛教相關項目之圖案設計及材質等作研究，經老和尚裁決後交啟阜中台禪寺建築事務所辦理。為配合及掌握工程進度，寺方工程事務所重要主事和尚每週會與啟阜中台禪寺工程事務所的主要幹部開一次工程檢（研）討會，我在會議中通常會提出一些工程進行中所發現需要改進的意見，給啟阜中台禪寺工程事務作參考。

　　於中台禪寺建築工程進行期間，有三件事使我印象比較深刻：（一）寺院附近有一座養雞場，由於中台禪寺建築工程進行之初，未考慮到會影響養雞場的排水問題，一場大雨下來，竟然淹了整個養雞場，致其損失慘

重，寺方對該養雞場雖有賠償，但該養雞場主人仍對寺方很不諒解，而且該養雞場亦太靠近寺院，其氣味及衛生對寺院有所影響，因此寺方很希望能收購該養雞場。有一天傍晚我散步進入養雞場和其主人聊天知道了這件陳年往事，我就問他是否有意願將養雞場出售給寺方，說明我可向寺方作此一介紹，但聲明不要任何報酬，他開了一個新台幣二千八百萬元的實價，我向老和尚報告此事，老和尚當即同意以該價格收購。有寺方的和尚對我說，為何不事前要求介紹費，事後可將介紹費以我的名義再捐給寺方呢？我說這不是多此一舉嗎？（二）當我發現混凝土灌漿到達三層樓高度時其中有一家包商為了鷹架的穩固，每隔十公尺左右，便將鷹架與新澆灌的混凝土牆以一根鋼索連結起來。我當時在想，如果一大片鷹架不夠穩固，建築工人作業時發生地震，整個鷹架極可能會扭曲甚至坍塌，而站在鷹架上的作業工人，必然會從鷹架上摔下來，於是我要求該包商給我幾根固定用的鋼索交給其他正在作業的包商，要他們必須在第二天工人上工時比照辦理。

　　民國八十八年九月二十一日晚間在台灣中部發生七‧二級大地震，對埔里一帶破壞嚴重，埔里鎮警察局

坍塌了，有些獨棟的高樓也發生傾斜現象，警察局並非
高層建築居然坍塌，足見其偷工減料的嚴重程度。當地
震發生時，我正在睡夢中，強烈的震動把我搖醒，我一
點都不害怕，因為我住在新建的鋼骨建築物中，起床後
出門發現寺方建築事務所的和尚、尼姑都離開寢室到達
空地，我聽到一位相識的尼姑從二樓的寢室大聲喊叫：
「丘將軍我的門打不開了。」在我附近的青年和尚聽到
了，便上樓設法將因地震變形的門打開，使她能順利走
出房門到達空地。

後來得悉工地的八樓有兩個工人，因夜間趕工而未
離開工地，我想進入工地去瞭解情況，但寺方主事青年
和尚為了我的安全要我不要進入工地，他們小心翼翼地
進入工地，結果發現其中一位工人被放在高處未經固定
的鋼筋震滑下來壓死了，真是非常不幸！分段結合的鐵
質鷹架，因其上下左右都有鋼索固定在混凝土牆上而未
損壞或變形，我因先前對包商嚴格要求收到了效果而感
快慰。（三）經九二一大地震後，我仔細巡視工地，發
現建築物底層中央部位的橫樑，因地震時應力集中致產
生裂痕，我於每週的工程檢（研）討會中提出，啟阜工
程公司的工程師經研究後使用鋼板加固。

　　老和尚是一位中華民族主義者，記得有一次我看報得知陳水扁總統第二天要拜望他老人家，我立即打電話給他，要他最好不要接見陳總統，果然他婉拒了陳總統的拜望。

　　老和尚也是國父孫中山先生的信徒，對國家和平統一始終堅持　對我們所主張的中華民國民主和平統一中國非常贊同。老和尚佛理甚深，弘宗演教　，弟子千人，信徒數萬，一代高僧值得世人崇敬，其圓寂乃佛教界與中華民族之一大損失也。

　　中台禪寺住持惟覺老和尚為規範道場僧侶，乃提出「中台四箴行」，要求中台禪寺之僧侶及工務所居士均書對「中台四箴行」之體認，余之所撰如下：對「中台四箴行」之體認（如附件四）。

作者夫婦第一次拜會惟覺老和尚

作者夫婦第二次拜會惟覺老和尚

作者夫婦攝於莊嚴的白玉佛像前

25、創立「中華民國統一中國聯盟」

　　自軍中退伍後，我一直致力於尋求如何能圓滿達成
國家民主和平統一。除參加「中華黃埔四海同心會」外，
更先後參加了兩個最擁護中國國民黨的政治團體，其一
為蔣緯國上將所創立，以將官為核心的「中華戰略學
會」，另一則因保釣運動而團結成立，以留美博士生為
核心的「中華民國反共愛國聯盟」。但可惜以上三個政
治團體的宗旨，均無明顯實踐國父孫中山先生建國理想
的主張。於是我乃於民國九十四年十二月十二日，在中
國國民黨中央委員會二樓會議室成立了宗旨：「實踐國
父孫中山先生國民革命目的，促進兩岸中國民主和平統
一，全面振興國家，邁向世界大同」之「中華民國統一
中國聯盟」，經內政部核准為政治團體政字第肆陸號。
參加聯盟之中國國民黨菁英，有退休縣長、退役將軍、
教授、博士及民間政治團體負責人等共七十餘人，我於
民國九十六年二月八日所撰「促進兩岸中國民主和平統

一」乙文，刊於「中國黃埔軍校網」，主張國家民主和平統一應區分為，一國兩政體時期、邦聯時期及兩岸合併時期等三個階段，於本世紀末完成圓滿之國家民主和平統一。主張中共可實施一黨專政約五十年到達邦聯時期，斯時兩岸政黨便可開放作良性競爭，統一後應回歸國父孫中山先生國民革命目的，國號為孫中山先生所創建，亦為中共建政元首毛澤東主席曾堅持的中華民國，與陸皓東先烈設計的青天白日，加上中山先生所主張代表自由、平等、博愛的滿地紅國旗。

　　「促進兩岸中國民主和平統一」乙文，經大陸有識之士轉帖於百度、谷歌及亞虎等搜索網站，目前已為大陸朝野所認同，兩岸同胞所嚮往，亦為世界各先進民主國家所衷心祈盼。

　　促進兩岸中國民主和平統一　附件五
　　中華民國民主和平統一中國意向公投　附件六

作者於民國 94 年 12 月 12 日在中國國民黨中央
委員會二樓創立中華民國統一中國聯盟

作者於民國 94 年 12 月 12 日在中國國民黨中央
委員會二樓創立中華民國統一中國聯盟

作者於民國 94 年 12 月 12 日在中國國民黨中央
委員會二樓創立中華民國統一中國聯盟

中華民國統一中國聯盟主席（站立者）主持會議

中華民國統一中國聯盟會後留影

聯盟參加中正紀念堂活動留影

聯盟邀請台大名教授黃光國（站立者）作專題演講

聯盟主席丘衛邦（站立者）主持會議

聯盟盟員與黃光國教授合照留念

中華民國政治團體立案證書

政治證字第零肆陸號

　　中華民國統一中國聯盟　業依據
人民團體法組織完成准予立案
　　此　　證
　　計　　　開

團 體 名 稱：中華民國統一中國聯盟

成 立 日 期：中華民國 94 年 12 月 12 日

會址所在地：臺北市羅斯福路 6 段 10 號 3 樓

負責人姓名：丘衛邦

　內政部部長

中 華 民 國　　9　年　12　月　　　日

26、為復興中華民族而奮鬥

　　由於大陸官商勾結嚴重，使大陸甚多富人與高官得以極盡奢華，致富二代與官二代在國外能購買豪宅、一擲千金。根據北京大學中國社會科學調查中心，2014年7月25日發布的「中國民生發展報告」指出，中國貧富不均日趨嚴重。1995年中國財產的基尼系數為0.45，2002年為0.55，到了2012年基尼系數卻飆升至0.73。頂層1%的家庭佔有全國三分之一以上的財產，底層25%的家庭擁有的財產僅佔1%之圖釘型社會。目前中國財產超過十億美元的富人已躍居全球第二，僅次於美國而已。

　　中國國家主席習近平先生大力消除大陸嚴重貪腐現象時說：「有人威脅說要我們走著瞧，我要正告他們，誰怕誰！」又說：「目前反腐處於膠著狀態，與腐敗鬥爭，個人生死，個人毀譽無所謂」，以上之言出自權勢最大習近平主席之口，著實使人震驚。為縮短貧富差距，習近平主席擬對國營事業負責人砍薪百分之七十，調整

後之國營事業高管，年薪不得超過人民幣六十萬元。

　　大陸習近平主席上任之初，說他不會走西方的民主道路，也反對所謂普世價值，但一年後當他發現中國共產黨因長期專政所造成的官商勾結與官員嚴重貪腐時，決心不顧榮辱、不惜生死，也要與貪腐鬥爭到底，故不得不提出合符普世價值的社會主義核心價值觀——富強、民主、文明、和諧、自由、平等、公正、法治、愛國、敬業、誠信及友善等十二項。上述的社會主義核心價值觀，不就是國父孫中山先生三民主義精神另一種方式的表達嗎？而三民主義中的民權主義正好是西方民主的改進版。

　　民國九十六年九月八日，我攜熱愛國家，信奉國父孫中山先生思想的愛妻池昭君女士及熱愛民主自由的繼子毛齊晶赴美國舊金山，繼子投筆從戎，參加美國陸軍戰鬥工兵，曾於阿富汗前線作戰一年之久，歷盡艱險幸運歸來。我先後當選中國國民黨駐三藩市分部委員及駐美總支部委員，會議期間多次向黨中央提出有價值之建言如下：

　　一、前總統李登輝先生，曾公開宣示說：「釣魚島是日本的」，除非他能更正其謬誤，公開宣示說：「釣

魚台是中華民國的」，否則政府應取消其卸任總統所享的一切優待。

二、以中國國民黨黨歌為國歌，無法說服非中國國民黨人誠心誠意去唱國歌，更是非中國國民黨人逢中國國民黨必反之根本原因；因中華民國已成立了一〇五年，故應修正中華民國國歌歌詞中的第二及第三句為「全民所宗，中華民國」。此外，陸軍軍官學校校歌的第二句應改為「國旗飛舞」，因官校並未懸掛中國國民黨或其他政黨的黨旗，而軍隊也早已國家化。還原真相後有助於化解臺獨思想，更可於兩岸中國民主和平統一後，繼續使用此一國歌及校歌。

三、中共新版護照將臺灣日月潭、清水斷崖納入景點，吾人實毋庸抗議，因中華人民共和國憲法，其疆域即包括臺灣地區。而中華民國憲法，領土亦包括大陸地區，故中華民國護照亦應於護照新版內頁，將大陸地區景點納入，如此則可杜絕中國國民黨賣臺之口，且可消滅臺獨思想於無形，增強海內外同胞以中華民國國號統一中國之勇氣，有利於完成國父國民革命目的之進行。

「中華民國統一中國聯盟」有舊金山灣區二十餘位中國國民黨菁英與盟，共舉行有目標，具建設性的座談

會十次其中第五、六、七次會議內容刊於世界日報。

聯盟今後將會在台灣地區及舊金山灣區擴大組織，以達成協助大陸地區走向政治民主化之目的。

民國九十三年陳水扁總統尋求連任時，泛綠於臺北市輸給泛藍二十七萬選票，民國一〇三年九合一選舉，臺北市泛藍輸給泛綠二十四萬選票。十年時間過去，一個人口不足三百萬的臺北市，中國國民黨由充分成功變成徹底失敗，損失選票高達五十一萬之巨。何故？因為中老年人對中國國民黨失去信心，而青年人則對中國國民黨不抱希望。蓋希望是奮鬥力量的源泉，有了希望才能產生奮鬥力量，由於大陸地區仍然是獨裁體制，到目前為止，中共仍無明確要將大陸地區改進成為民主自由國家的計劃。因此，主張獨立、至少不與大陸合併自然會成為目前多數臺灣同胞的政治訴求，在如此狀況下臺獨對有志青年來說自然成為一種希望，此可從近十年來藍綠在選舉上的對決中得到結論。

今後，中國國民黨要主動積極改變此一態勢，給臺灣地區民眾光明遠大希望，就是要給臺灣民眾較臺灣獨立更好的希望，那是什麼呢？就是要建立「中華民國統一中國」深具戰略意義的國策；因為中華民國是國父孫

中山先生所創立，是抵抗日本侵華苦戰八年光復臺灣的祖國，也是聯合國的創始會員國。目前大陸地區政府業已拋棄共產主義，所實行者為「有中國特色的社會主義」，其實就是國父三民主義中的民生主義，民權主義僅達村長由人民普選的初級階段，而報禁尚未解除，臺灣地區在民權方面較大陸地區先進得多，大陸地區必須也必會逐漸跟上臺灣地區，因為這是世界潮流之所趨。兩岸中國民主和平統一是中國歷史發展的應然、當然與必然，至於如何才能達成國家民主和平統一呢？當有了「中華民國統一中國」國策的號召後，臺獨思想必然逐漸消滅，祇要中華民國能成為中華人民共和國未來發展的典範，則中國國民黨也可成為中國共產黨在兩岸中國地區的忠誠反對黨。

中華民國統一中國不是不可能而是一定可能，前題是先要全面振興中華民國，以作為中華人民共和國效法的對象，至於如何才能全面振興中華民國，首先中國國民黨必須重振黨魂，而黨魂之重振必須宣示決心，決心宣示則應先從修改黨章開始，我們建議中國國民黨黨章第一條應修正為：「中國國民黨基於三民主義，建設臺灣並與大陸政權斡旋合作，互惠共利攜手並進，當大陸

地區民主化程度與臺灣地區相近似時，依總理孫中山先生之理想，達成以中華民國國號統一中國，國旗為青天白日滿地紅之目的，全面振興國家，邁向世界大同。」此一鮮明表達中國國民黨政治主張的決心，是領導國家向前邁進的不二法門，更是團結有識之士，及給臺灣地區青年人充滿希望產生奮鬥的力量。

　　中國國民黨有了達成國父孫中山先生國民革命目的之黨魂後，就應有使國家富強、人民安樂的永續發展計劃，其關鍵因素有二：（一）政府有錢可以建設與照顧弱勢群體。（二）提升國民素質與賢能者能為人民服務。

　　一、政府要有錢才能提高人民生活品質，若政府缺乏資金投入硬體與軟體建設，就談不上去照顧弱勢群體，由於貧富懸殊之故，造成人與人間立足點不平等，貧苦民眾優秀子女無法獲得適當教育，國家因而損失甚多優秀知識份子與科技人才，將陷國家與衰弱，故政府應建立周延、公平、合理、有效之賦稅制度、窮人無需繳稅而富人應多繳稅金，其重要措施如下：（一）獎勵並扶助私人事（企）業之發展，其利得應適切課稅。（二）不動產之增值為社會之貢獻使然，其利得應累進課稅。（三）政府對金融業應有嚴密之控管制度，避免因其追

求巨額利潤產生巨額虧損，令投資大眾產生嚴重損失，陷國家金融於風暴之中，其利得為社會進步之貢獻應累進課稅。（四）高額之個人綜合所得，基於富人應多繳納稅金之原則，亦應累進課稅。（五）杜絕一切逃漏稅金之可能途徑。（六）強化追查稅金之作業能力。（七）對逃漏稅金之事（企）業及個人應處以重罰，嚴重者停止其事（企）業之營運，監禁其個人。（八）繳納高額稅金之事（企）業及個人，政府應給予崇高榮譽之精神鼓勵，俾增強其愛國精神。（九）必然賺錢之事（企）業應由國家經營，為提高人民生活品質，必然賠錢之事（企）業，亦應由國家經營。政府應敦聘賢能之私人事（企）業負責人，進入政府部門及負責國營事（企）業，俾提升政府部門之工作效能與增加國庫收入。

　　二、人才為建國之本，新加坡以彈丸之地，能夠繼續繁榮，個人收入為亞洲四小龍之冠，失業率也最低。何故？因其能依國民之性向提早分流，採用適宜之教育內容，並能賦予適切之職業訓練，培訓出適合國家事（企）業發展之各類人才，不足之專才國家引進外國人才補足；賢能政治人才能有適當待遇，產生忠誠廉潔政風，能全心全力為人民服務，故各項績效評比多為亞洲四小

龍之首。吾人為迎頭趕上新加坡，特提出下述四項建議：

（一）及早建立適才適性使學者能發揮潛力之教育制度，培養出適合國家事（企）業之人才，有計劃引進外國專才，建立能激發教師潛能之進修管道及合理薪資。教育內容應使學者達到下述十點要求：1、守法觀念。2、民主觀念。3、服務人生觀。4、倫理道德觀。5、仁愛信義觀。6、珍惜資源觀。7、積極奮發精神。8、創新精神。9、愛國精神。10、世界觀等先進國家人民應有的特質，

　　（二）選舉制度之良窳，為民權主義實行成敗之關鍵，嚴格規範候選人之品德及學識標準，唯賢能者始有資格成為候選人，審慎設計合理、公平、公正之競選制度，使賢能者能脫穎而出是為關鍵。

　　（三）公元一八八三年前英國選舉，買票行為家常便飯，當時的首相威廉·克拉德遜為挽救英國的選舉，訂立了「腐敗防止法」並嚴格執行，故能成為世界民主國家中選舉最不花錢者。英國前首相柴契爾夫人當選議員，祇花了相當於新臺幣叁拾貳萬元的競選經費，若我們也能不花錢（嚴格規定並徹底監督競選經費不得超過所選職務二個月薪俸）就能當選民意代表與民選官員，當選人才有可能不為下一次選舉經費之籌措而貪瀆。我

們實應向英國與華人占多數的新加坡取經，看他們是如何做到的。

　　（四）民意代表與民選官員必須要有高於一般人的品德標準，故凡有犯罪欠稅或逃漏稅記錄者，應終身不得成為民意代表與民選官員之候選人。處於現今知識發達的時代，民選官員與民意代表處事能力再強也必須具備足夠的基本學識，才有可能做出正確有效的判斷與有利於國家永續發展的建言。因此，中央級民意代表與高階民選官員，必須具備碩士學位方合資格，而一般民選官員與民意代表則必須大學畢業或同等學歷。以上對於民選官員與民意代表的賢能標準，為首次參加競選候選人之規定，至於現任民選官員與民意代表仍可保有其同級候選人資格。

　　至於如何振興中華民國，「我們要全面振興中華民國（修訂本）」乙文，有甚多可供參考之處。

　　　　我們要全面振興中華民國「修訂本」　　附件七

27、結　語

「世界潮流浩浩蕩蕩，順之則昌，逆之則亡。」乃國父孫中山先生顛撲不破之名言。

大陸地區三十餘年實行「有中國特色的社會主義」與「改革開放」，其實就是國父孫中山先生的民生主義。最近舉行的村長普選就是民權主義的起步。中國前領導人江澤民主席公元二〇〇二年訪問歐洲時曾言，中國於二十一世紀中期可以成為一個相當民主的國家。前領導人胡錦濤主席訪問美國時則言，中國要幾代人甚至幾十代人才能趕得上美國，這當然包括美國的民主制度。胡錦濤主席對大陸地區台商領導人談話，明確表達決不允許台灣脫離中國大家庭，就是民族主義。今大陸地區領道人習近平主席宣示，堅持從中華民族整體利益的高度把握兩岸關係大局，認清歷史發展趨勢中把握兩岸關係前途，在增進互信、良性互動、求同存異、務實進取中，穩步推進兩岸關係全面發展，習主席之言已超乎意識形

態，具高度歷史遠見與智慧。

　　台灣地區實行三民主義較大陸地區早二十餘年，成果豐碩，但最近二十餘年在民族主義方面卻退步，為了不正確的「台灣獨立」思想而「去中國化」，顯然是不智之舉。只有主張協助並等待大陸地區民主化，達到與台灣地區相近似時，走向國家和平統一，才是歷史發展的應然，也符合大陸與台灣同胞，也就是中華民族的利益與前途。

　　大陸地區尚未民主化前，台灣與大陸合併是不智亦無可能，而中共以飛彈對準台灣並宣稱不放棄武力犯台，可說是極不得當。中華民國應不卑不亢地表示，只要大陸地區民主化到達台灣地區民主化程度時，透過台灣同胞意願的表達，是可以與大陸地區合併成為統一國家。「中華民國民主和平統一中國意向公投」是「化獨漸統」，有效促進大陸民主化的積極作為，此意向公投擬於總統、副總統選舉同時舉辦，每隔四年舉辦一次，一直到此意向公投為百分之五十以上選民所認同。斯時，政府應即與中共開始協商循序漸進，依計畫按步驟的國家和平統一事宜。

　　台灣同胞本來就來自中國大陸，有權利更有義務協

助大陸同胞建設現代化的三民主義新中國，國家統一後
當然應該按照國父孫中山先生的建國理想，國號以中華
民國而國旗以國父所主張的青天白日滿地紅為至當，復
興中華民族，與世界諸先進民主國家竭誠合作，促進天
下為公的世界大同。

國家和平統一宣言　附件八
中華民族的輝煌願景　附件九
兩岸中國人的未來　附件十

附件一

我對五大信念的體認

──民國五十八年十二月十五日週會專題演講

丘衛邦

五大信念的體認」。我們都知道五大信念就是主義、領袖、國家、責任、榮譽等五項革命軍人所應該具備的信念。

這五大信念是　總統在民國四十二年三月廿九日主持陸軍指揮參謀學校將官班開學典禮時候所提出來的，當時的講題是「研究美國建軍的精神，指明中國革命軍人必要的信念」。　總統在訓詞中指出，我們要學習美軍，就應該從美軍的養成教育開始，美軍的養成教育在學術方面，最注意的，不是純軍事學，而是自然科學，社會科學和人格教育。關於人格教育方面，美軍所要求

於養成教育的，是培養軍人高度的榮譽心和高度的責任感，以及高度的領導能力，和自發自動的精神。訓詞中提到，美軍建軍的基本精神和信念，不外是責任、榮譽、國家三項，而我們革命軍人的信念，除了國家、責任、榮譽之外，還必須增加主義和　領袖兩個信念。

總統說：「為什麼我們軍人教育的信念要加上主義和領袖？而美國軍人教育，又為什麼沒有把這兩項觀念提出來呢？那是因為美國是一個革命獨立已經完全成功的國家，立國的基礎已經穩定鞏固，他們的一切都有國家既成的法令和制度，他們尊重傳統的民主思想，那就是他們立國的民有、民治、民享的主義；而且他們尊重他們的國家元首——領袖，都已經成了每一個國民的習性。所以軍人只要能夠知道忠於國家，那也就必定能夠忠於他們的憲法，主義和元首——領袖。」　總統又說：「但是我們中國現在正在革命時期，一般國民對於國家元首，沒有傳統的信仰。我們都知道，我們從前如果沒有偉大的　國父來領導革命，那根本就不會有我們中華民國的誕生，這是很明顯的事實。」接著又說：「但是領袖是要有主義的，亦可以說，是由主義來產生領袖的，如果這個領袖沒有主義，或者失去了對主義的信仰，那

就成了無主義的領袖。這種領袖不但不能救國救民，可能還會害國害民，像民國初年的袁世凱就是一個很好的例子。」我們讀了　總統所說過的這番話之後，就可以明瞭我們革命軍人五大信念的由來。

以下是本人對五大信念的體認，現在讓我們逐項的來談一談。首先說到主義，我們都知道我們所信仰的主義，就是　國父所提倡的三民主義。試看今天世界潮流的趨向，俄共修正主義的出現，捷克自由化運動的醞釀，俄毛的火拚，東柏林人民的奔向自由，印尼共黨叛亂的失敗，我國大陸同胞羣起反毛反共和投奔自由等等。處處都證實了共產主義的日趨沒落。其實共產政權的成立，完全是憑藉暴力和獨裁，根本不適合人類的需要，所以它的失敗是必然的。至於今天世界上的資本主義國家最近都實行了累進稅率和社會福利政策，並將有壟斷性的大企業由國家經營，或者加以嚴格的管制等等，這些措施，其實都和我們所信仰的三民主義相近，而且已經漸漸脫離了資本主義而步向三民主義，所以有人說二十一世紀將是三民主義的世紀，我個人認為這句話是絕對正確的。

其次談到　領袖，首先讓我們明白領袖的定義，　總

統在訓詞中說「這裏所稱的領袖，你們不可誤解那只是對我一個人來說的，大家應知所謂革命領袖，是要能忠於主義，忠於國家，並要能繼承革命的歷史，貫徹革命的目的，只要你們誰具備這種條件的，誰亦就是革命領袖。」以上　總統所說的話，把領袖的定義說得再清楚不過了。我們知道，凡是革命的事業都需要　領袖的領導，我們的國民革命運動，所以能經過多次失敗，而卻又能再度的成功，最大的原因，是因為有英明偉大的革命　領袖。我們先期的革命領袖國父孫中山先生，領導革命，推翻滿清，建立民國，是先後經過了十次失敗而成功的。而今總統蔣公也歷經東征、北伐、剿匪、抗戰，現在正領導著我們從事討毛救國的革命運動，　總統深具遠見，反共經驗豐富，只要我們能緊緊的跟隨，深信總統必定能夠領導著我們走向成功之路。

下面談到國家，我們知道，國家是國民命脈之所託，國民如果沒有國家將無所依附，而身家性命亦將毫無保障可言。試看一看，第二次世界大戰之前，居住在德國的猶太人，被希特勒屠殺了好幾百萬，世界上最瞭解亡國之痛苦的莫過於猶太人了。所以在第二次世界大戰結

束之後，猶太人拿出了最大的決心，克服萬難，冒生命的危險，從艱苦中建立了他們自己的國家——以色列，今天的以色列為了要求生存，與在地理上幾乎完全包圍他們的阿拉伯集團的國家從事艱苦的戰鬥，因為他們深深瞭解到國家對他們的重要性，所以都樂於不惜犧牲生命來捍衛國家。我們知道國家的前途與個人的前途是息息相關的，國家強盛，國民才能揚眉吐氣，國家衰弱，國民是絕難抬得起頭來的。今天在世界各地的華僑同胞，他們之所以備受當地政府的欺凌，完全是由於目前我們國家正偏處於台灣一隅的緣故。記得抗戰勝利的時候，南洋羣島的國家，對我們的華僑同胞，可以說是十分尊重，與目前的情況相比較，可以說是天壤之別。我們如果想要在世界上抬頭挺胸，唯一途徑就是使我們的國家強盛，若要我們的國家強盛，只有早日光復大陸，努力建設我們的國家，使成為三民主義的新中國。

談到責任，　總統在訓詞中說：「至於責任，狹義言之，即是要對自己負責，對工作負責；廣義言之，乃是要對國家負責，對革命負責。」六十多年以前，美國大政治家老羅斯福總統，曾經說過這樣一段話，他說：「將來有幾件事，可能會把美國毀滅，那就是任何代價

的興旺，任何代價的和平，安全第一，而非義務第一，柔軟生活的愛好，發財的人生觀。」老羅斯福總統的這幾句話，一針見血地說出了今天美國一部份人的毛病。其實這一段話未嘗不是說明了今日美國一部份人責任感的不足，只求自己生活的舒適，以發財為人生的最高目標。不肯對國家盡責，對世界的正義和真理也不肯堅持，這正是今日美國危機之所在。目前台灣有不少青年人也感染了今日美國社會中不良思想。我們同學之所以投考軍校，都是具有一番抱負和理想，那就是對國家負責，對尚未完成的革命大業負責，希望我們同學能一本初衷，一心一德，貫徹始終。在這裏我要特別提醒我們同學的，那就是除了責任之外，我們也要講求如何去盡責任的方法。　總統在十全大會主持開幕典禮時候，曾經說過：「過去本黨多次成功，但又多次失敗的癥結所在，那就是沒有週全妥貼的方法，由於學問和知識的不足，才不能獲得科學的方法，因而難以維持長久的成功。」讀了　總統所說的這段話之後，我們可以知道，學問、知識以及科學的方法，才是革命真正成功的保證。現代軍隊的事務，比過去需要講求科學方法，和懂得科學知識的地方實在多得太多了。如果我們不去講求科學方法

和研究科學的知識，就必然事倍功半，甚至於徒勞無功，這是我們所不能不注意的地方。

最後讓我們談一談榮譽，說到榮譽，我們很自然的就會聯想到團體榮譽和個人榮譽等等這些名詞來，目前很多人都以為在比賽的時候，能夠得到勝利，就是爭取了榮譽，得不到勝利就是不夠榮譽，並不問是怎樣獲得勝利的，個人競賽如此，團體比賽也是如此，所以在競賽的時候，有使用不正當手段，有作假的，甚至有把從來沒有做過的事情說已經做過了，其實這種自欺欺人的勝利是最不榮譽的，也是最恥辱的。另外還有一種非常不榮譽的觀念，那就是不會的硬說會了，不懂的硬說懂了，這種思想的哲學基礎，認為坦白承認自己的弱點，是一件很不榮譽的事體。其實在兩千多年以前，孔子就曾說過：「知之為知之，不知為不知，是知也。」孔子這幾句話是充分流露了他誠實的性格，也證明他瞭解科學的原理。因為知識領域的廣大和深奧，是無人能盡知的，所以只有虛心求知的人，才能多有收獲。

事實上不說謊和不欺騙就是榮譽，簡單的說，誠實就是榮譽。所以如果一個團體只要盡力去做一件，不論成就怎樣，只要是誠實的，也就是榮譽的。我們同學現

在正在求學的階段與我們接觸最廣的莫過於考試，只要我們盡力求知，不論考試成績怎樣，都是榮譽的，但是只要在考試的時候做了一絲一毫不誠實的行為，人格就受到損害，就是不榮譽，就是可恥。同學們應該互相的勉勵，要做一個堂堂正正的學生，只有現在能夠做一個堂堂正正的學生，將來才有希望成為一個堂堂正正的軍人。試想如果一個人在考試這樣小的事體上尚且投機取巧，那麼在大的事體如果能夠奉公守法的話，那是相當值得懷疑的。如果連做一個好學生的條件都不夠，卻希望他將來成為偉大的軍人，那是絕無僅有的事，所以世界上很多有成就的學校，它們都是特別重視學生的人格教育，而榮譽又是它們人格教育的重點所在。清代名將曾文正公之所以能夠打敗太平天國，其中最重要的一個原因，就是他能夠「以忠誠為天下倡」來領導部屬，樹立忠誠的軍風。今天，美國的國基是奠立在創立美國的國父，華盛頓先生的偉大人格上，他是一位誠實而又能勇於負責的大政治家，美國林肯總統的誠實以及堅持真理和維護正義的精神，也是舉世聞名的。同學們，我們應該效法往哲先賢誠實的風範，將榮譽視為自己的第二生命。

　　我們同學固然不應該自尊自大，但也不應該妄自菲薄，因為在十年之後，各位同學就要成為國軍中的重要基層幹部，在廿年後，將成為國軍中的中堅幹部，而卅年後，就可能成為國軍中的決策幹部了。孔子說「逝者如斯乎，不捨晝夜」，時光是很容易就過去的，到時候各人的職責不可能相同，但是我們對歷史的責任卻是無可旁貸的。但是只要我們能夠堅信主義，追隨　領袖，熱愛國家，勇於負責，遵守榮譽，時代雖然可能無情地考驗著我們，我們卻定能在艱苦中創造新的時代。同學們讓我們互相勉勵吧！最後恭祝各位同學身體健康，精神愉快。謝謝各位。

附件二

積極奮發的人生理念

丘衛邦

　　人生追求的目標指向，應是對社會有正面影響的努力方向，秉持樂觀進取的態度，發揚人類真、善、美的光明面，驅除自私自利與消極悲觀的心態。

　　與無窮盡的宇宙時間之流相較，人生誠然十分短暫，但人類若能相互友愛且能自強不息，必能一代一代不斷繁衍，則人類整體生命亦可以永垂不朽，而能與無窮盡之宇宙並存，故人之存在有其積極意義。人生之價值在於人能否妥善運用其有生之年，對其個人、社會、國家乃至全人類有所貢獻。人最可惜者乃為缺乏人生的方向，無目的地度過一生，假如其所作所為有害於社會，那就更加可悲了。目前人類思想與文化趨向多元，各人

人生的方向似乎難以把握恰當，但在人生過程中仍必須建立正確的奮鬥方向，確定生命目標，方能在有限的生命中，求得永恆不朽的價值。究竟怎樣的人生才算豐富而完美呢？這是古往今來哲學家們一再沉思探索的問題，也是無數人畢生所追求的理想。真正有意義的人生，應該經得起歲月的考驗、真理的試煉，而益發顯現出燦爛的光輝。豐富而完美的人生，除了是一個正值的人生外，還必然是不斷奮鬥的歷程，以慈悲的胸懷來對待萬事萬物，並以和樂的人生觀作生活的態度與心情的調劑，進而達到「強者」的人生目標。歸納言之，正確人生的方向，至少應包括下述五項內涵。

一、正值的人生

就歷史之觀點言，無數仁人志士，為其國族之安危奉獻犧牲；世上之科學家、發明家，為人類文明進步貢獻心力；千千萬萬辛勤工作者，為人類的生活幸福提供無私的服務。上述各類型人物，均因其具正值的人生貢獻，雖形體業已消失，但其典範的精神力量，卻伴隨著歷史的腳步不斷前進。反觀一些自私自利、作惡多端，為世人所共棄的梟雄，在眾人認清其不仁居心後，或者

晚景淒涼，或者遺臭萬年。然最為不幸者，實為彼等對人類社會所造成的嚴重損傷，這是錯誤的人生方向，對世人所導致的禍害。

人生追求的目標指向，應是對社會有正面影響的努力方向，秉持樂觀進取的態度，發揚人類真、善、美的光明面，驅除自私自利與消極悲觀的心態。歷史學家吉朋，在其所著「羅馬帝國衰亡史」一書中，說明羅馬帝國衰亡的原因，不在於其軍隊不強或版圖不廣，也不是社會不繁榮。正因為社會太過繁華而窮奢極慾，導致人心漸趨私利渙散而喪失鬥志，終為異族所滅。因之，正面價值的追尋，不但影響個人之榮辱，對於國家的興衰榮枯尤關係至深。德國大哲學家菲希特的「告德意志國民書」，十四講中第一講開頭就指出：「德國之所以亡，是由於整個德國國民，把自私自利的企圖，增高到最高度的結果。」費希特沉痛地呼籲，要解救德國民族於危亡。最重要乃在群眾能否根除自私自利心理。後來德國民族能夠復興，費希特之功甚偉。

正值的人生首重「純真」，即赤子之心。世界紛亂與痛苦的根源，導因於人類赤子之心的淪喪。宋朝名臣司馬光曾言：「書有未曾經我讀，事無不可與人言。」

可為赤子之心的最佳詮釋，亦是何等值得吾人敬佩與效法。正值的人生必須「誠實」，古語有言：「精誠所至，金石為開。」又謂「不誠無物」，語云：「成敗在虛實，不在眾寡。」有信譽的誠實可破天下之至虛。誠實是社會進步的原動力，唯誠實的團體才能真體結，亦唯有真團結的團體才能迸發出智慧的火花和創造的力量。正值的人生應做到「廉潔」，有謂「貪鄙苟得，乃萬惡之源」。物慾橫流的今日，不知多少有為之士，皆因貪得而身敗名裂，實在令人遺憾！正值的人生，最高貴的品質莫過於能「公正」。公正者，不為一己之私，而僅著眼於公。公正代表著人性的光輝，社會的正氣。西哲柏拉圖曾言：「有知識而不公正，與其稱之為聰明，毋寧名之曰狡詐。」人品之優劣，端視乎其言行之是否持正不阿。正值的人生，必不囿於眼前的利益，亦不屈於邪惡的勢力，而是以「信義」為依歸。所謂「正其誼不謀其利，明其道不計其功。」故大勇必濟之以信義，而信義所以產生大勇之道理也。正值的人生，必應具備強烈的「整體觀念」，現今社會之互動既廣闊又頻繁。因之，以往「自掃門前雪」之陳舊觀念，必然妨礙社會的進步；而「井蛙之見」的閉鎖觀念，更可能開時代的倒車。吾人應以更積極的

態度投身社會，時時處處均應先考慮團體及整體之利益，有必要將個人的利益列到最後。禮記禮運大同章有言：「大道之行也，天下為公，選賢與能，講信修睦，故人不獨親其親，不獨子其子……貨惡其棄於地也，不必藏於己，力惡其不出於身也，不必為己。」可說是「整體觀念」最具體的詮釋。正值的人生，應「服從真理」，固不可人云亦云，更不可剛愎自用，能為服從真理而勇於改正錯誤，則不致於誤入歧途，產生負面影響。正值的人生，應該是「擇善固執」的，「富貴不能淫，貧賤不能移，威武不能屈」是高風亮節的人生典範，亦是品德與作為上正確堅持的具體表現，為正值的人生所不可或缺的品質。正值的人生是「以服務為目的」的，唯有具服務人生觀的人，才有可能對社會上仍處於不幸中的人，有真正的關懷與貢獻。正值的人生，應該「廣納雅言，從善如流」。因目前為科學之群眾時代，專業化類型多而人才亦眾，但對一件事往往出現不同見解，而任何事物相互間多有關連，情況變化多端且迅速，時空掌握至為不易。因此，在處理事務做出決策時，必須博議明斷及適時而為，始能以智慧與遠見解決問題，為國家乃至人類作出最善與最有效的服務和貢獻。

二、奮鬥的人生

　　人生歷程，不可能平坦順暢，其間必滿佈荊棘與險阻，需要不斷奮鬥才能有所成就；就像未經解剖的璞玉，若未經刀斧琢磨，不會展出璀璨耀眼的光芒。至聖先師孔子，雖抱持崇高之倫理與政治理念，但並未見實行於其祖國一魯。不得已只好周遊於列國之間，宣傳其儒家哲學思想，然不免仍有絕糧於陳的困境。但孔子畢生安貧樂道與有教無類的精神，加上教不厭、誨不倦的毅力以及啟發式與因材施教等創舉之實施，成就了孔子成為我國歷史上最偉大的教育家，在百家爭鳴的春秋戰國時代，突顯出儒家哲學的異彩，對我中華民族的歷史文化影響至深，而其貢獻也最大。發明家愛迪生，為了達成如何將電能轉化為光能的創舉，曾不斷以多種材料作通電的實驗，最後始將電流通過抽取真空之玻璃泡中的碳絲時獲得成果，終於發明了電燈，其研究過程備極艱辛。愛迪生為了完成各式各樣的發明，研究經費張羅困難，其經濟狀況曾數度瀕臨破產邊緣，若非他有堅強的鬥志與毅力，愛迪生根本不可能成為世界上最偉大的發明家。

　　古今中外建功立業，造福人群的偉人，莫不是曾與

艱難與折磨搏鬥，再接再厲，奮鬥不懈，始底於成的。不畏艱辛，面對一切挑戰的勇氣，乃是克服困難的基石。奮鬥的人生所憑藉者，為自強不息的精神。誠如易經乾卦所述：「天行健，君子以自強不息。」宇宙的發展是生生不息的，易經所謂「大明終始」，就是宇宙生命不斷推陳出新的道理。推及個人，若能效法宇宙自強不息的歷程，奮鬥不輟，日新又新，終必有成！一時挫折不足為慮，人生最忌一蹶不振，才會招致永久的失敗。正如植物的成長，總是在熬過嚴冬後，益顯繁茂，這是大自然法則的必然；而險阻的黑暗之後，必能胚育出成功的光明。

★奮鬥的人生所憑藉者，為自強不息的精神。

三、慈悲的人生

慈悲是闡揚生命的原動力，亦為人類生存發展之所寄，若果世上沒有慈悲，人類的生存將成為不可能或毫無意義，慈悲的主要內涵為「仁慈」與「寬容」兩者。由於我們對人生的體驗，總希望人類趨向和諧。每個有血性的人，亦必然抱持仁慈的襟懷與「民胞物與」的認同。人生在世，眼見許多人正在承受痛苦，世間仍存在

著有很多缺憾，此時最為需要的是一顆仁慈的心，去幫助那些極待幫助的人。我們應該努力去了解別人的苦難，並協助他人解除其苦難，並以仁慈的心境，體會人生浩瀚的境界。仁慈的力量，能使怨恨消失，冥頑瓦解；也能使人格昇華，智慧開花。要克服人性的弱點，提升自我的層次，只有秉持著仁慈的心，化解人類的暴戾與紛爭，消弭冷酷、自私、嫉妒、仇恨的心理，化干戈為玉帛。人生旅途中，時時以仁慈的心，給予他人關懷與溫暖，自我也愈感充實，從而對宇宙的偉大與生命的神聖益覺欽敬。

希臘哲人亞里斯多德曾說：「氣度寬宏的人，無論遭遇的命運如何，皆能泰然處之。成功不以為喜，失敗不以為悲，外來的毀譽褒貶，一介不懷，只是為所當為而已。」一個人不誇己的善行，對於他人加諸己之不善，自不會耿耿於懷、斤斤計較。人生本就是有限的歲月，眼光放遠，對他人的毀謗、攻擊……寬容待之，因為他們實不知道自己在做些什麼！古語道：「山不辭土石，故能就其高；海不辭細川，故能成其大。」適足說明高山大海之所以雄偉浩瀚，正是包容一切土石、細川的結果。人際交往中，若缺乏容忍寬大的氣度，不免產生衝

突與不滿；此時最需要的是充實自我的內涵，積聚人生經驗，因為知識和經驗的累積，能夠了解他人致誤之因，進而易於寬容他人的瑕疵與缺點，對於惡意的攻擊與毀謗，也就能泰然處之了。如西哲哥德所說：「他人之愆尤，在己亦易陷入者；乃能恕人而不較；如果本身一無磨練，則責人必嚴。」理學家張載提出「大其心而體天下萬物」，意謂要有開闊的心靈，才能聞人所不能聞，見人所不能見，如大鵬扶搖直上九萬里的精神，居高臨下，曠觀宇宙，俯瞰人生，人世間種種糾紛、衝突也就不足掛齒了。

　　★仁慈的力量，能使怨恨消失，冥頑瓦解；也使人格昇華，智慧開花。秉持仁慈的心，化解人類的暴戾與紛爭，消弭冷酷、自私、嫉妒、仇恨的心理，化干戈為玉帛，時時以仁慈的心，給予他人溫暖與關懷，自我也愈感充實，從而，對宇宙的偉大，與生命的神聖，益覺欽敬。

四、和樂的人生

　　人類絕對不可能為追求緊張不安與痛苦的生活方式而生存；人類追求生存與生活，必在於能達到和樂的境

地。但現實的人生過程必須不斷與環境搏鬥，又承擔了沉重的生活壓力，遭遇無數的困難磨折，不免令人感到生命是一段永不間歇的痛苦歷程。實際上，人生仍充滿著和樂的光明面，只要我們細心體會不難發現處處充滿溫馨平和。樂觀的心情，調劑了生活；平和快樂的心境，使精神充沛內心愉悅。人生的路途也許滿佈荊棘，勝利者的歌聲卻是快樂而雄壯的。

每個人降臨世上，莫不趨樂避苦；西方伊比鳩魯學派，認為人生的目的在追求快樂；我國先哲所追求的，則非人間的福份及世俗的逸樂，而在探索生命中的和樂精神，也就是「隨遇而安」。不為人世的禍福得失觀念所圍，一如逍遙飛翔的大鵬鳥，展翅天際，悅樂自在！這該是人生最美妙的感受了。生活周遭有許多值得欣賞玩味之處，四處都充滿陶冶性靈，美化身心的事物，待我們去找尋、品味，來充實人生，化解暴戾之氣，享受人間的美好與可貴。

五、強者的人生

人生追求的終極目標，是要成為一個有理想抱負，並能無畏無懼，包括一切的「強者」；要成為真正的強

者，則必須經過重重的歷練。首先要自我肯定，建立堅強的自信心，其次要培養至大至剛的道德勇氣，遇事無懼，問心無愧。這是歷經奮鬥的艱辛，又富含仁慈寬容胸懷的強者；不論智慧、體能，都足以抵抗任何艱鉅的考驗與折磨，不會為任何巨大的風浪所擊倒；波折愈多，愈顯示其堅毅不拔的精神，此乃強者的標準人生典範。

★人生追求的終極目標是成為一個有理想抱負且無畏無懼的「強者」。

「強者，絕非逞一時之快的匹夫之勇，而是智、仁、勇兼備的典型。不少人缺乏自信與勇氣，面對挑戰卻不敢於挺身而出，一味地逃避，結果只能淪為弱者的角色，失去了生存的意義與價值。「堯何人也？舜何人也？有為者亦若是。」只要有信心、有勇氣、肯奮鬥，加上一顆愛人的心，任何人都可以成為一名強者，進而實現理想，達成最終目標。

凡人生必有死，而且能生才能死。因此孔子曰：「不知生，焉知死？」意欲吾人善度此生，發揮生命的每一刻，才能了解死亡的意義。生命是有限的，可是卻能在短暫的生命中，體現永恆的價值。當代的存在哲學，特別重視「把握剎那，實現永恆」；真正辨明人生的大義，

就應該把握現在，爭取千秋。哲人張載就曾鼓勵我們：
「為天地立心！為生民立命，為往聖繼絕學，為萬世開
太平。」這是強者所應自我期許的人生使命。若能懷此
抱負，則必能以個體的生命融注於群體的生命，更以群
體的生命融注於宇宙的生命，如此不斷的綿延，便能造
成生命的永恆。

六、結語

　　國父孫中山先生認為，人生應「以服務為目的」，
要人「做大事不要做大官」。先總統　蔣公以為：「生
活的目的，在增進人類全體之生活，生命的意義，在創
造宇宙繼起之生命。」充份闡發了人生的目標與價值；
而佛語「大道無門，千差有路；透得此關，乾坤獨步。」
以寧靜自得的心境，透視人生的真義，此亦正是正值的
人生、奮鬥的人生、慈悲的人生、和樂的人生和強者的
人生所共同奔赴的目標。

　　人生的真諦，積極方面在於能善盡發揮自我潛能之
責，以造福個人、社會、國家乃至全人類，各人之才能
雖有類別之不同及程度之高低，其所貢獻之範圍及大小
誠然有異，然其所受崇敬應無二致；消極方面則應不妨

礙他人潛能之發展，使社會人群更趨和諧幸福。故吾人能否把握人生的方向，對社會與個人之生存與生活影響至巨。

★「為天地立心，為生民立命，為往聖繼絕學，為萬世開太平。」是強者所應自我期許的人生使命。若能懷此抱負，則必能以個體的生命融注於群體的生命，更能以群體的生命融注於宇宙的生命，如此綿延不絕，便能造成生命的永恆。

附件三

第十四屆全國黨員代表
「救國救黨」決議書

中華民國八十三年十二月十六日

　　我們是一群熱愛中國國民黨,有理想、有抱負、有原則的第十四屆全國黨員代表大會的代表,近年來眼見民眾對本黨候選人的支持率逐年下降,本黨高層處於分裂狀態,部份菁英於一年前組織新黨,並獲得台灣北部地區知識分子與中產階級的普遍認同。本黨若不能澈底革新圖強,非但總理、總裁、蔣故主席為國為民服務的目標無法達成,執政權亦可能於短期內拱手讓與民主進步黨,屆時台海兩岸關係必然惡化,台灣地區二千一百萬同胞幸福無法保障::。

　　李主席登輝先生就任總統以來,所犯錯誤中比較明顯而嚴重者,約有下列十項:

一、對「台獨黨綱」態度的曖昧：

民主進步黨黨綱中，列有以「台灣獨立」為奮鬥目標的內容，李主席未能以肯定態度表示反對，亦未能以負責的政府立場採取應有的行動加以制止。

二、「奶水論」的謬誤：

英國政府對在野黨黨魁提供適當待遇，使能專心從事對執政黨施政之監督，但在野黨必須是認同國家的。民主進步黨主張「台灣獨立」，李主席居然要以「奶水」養之，是何緣故？

三、縱容台獨分子：

（一）民主進步黨人就任公職，並未面對國旗、國父遺像宣誓，擔任總統的李主席竟然默許。

（二）台灣大學校園中，一群台獨分子升起了「台灣共和國」的國旗，並合唱「台灣共和國」的國歌，政府竟然不加制止，而李主席亦未加以譴責。

（三）桃園中正國際機場，台獨分子將國旗降下並升起「台灣共和國」的國旗，該旗在旗桿上飄揚達四十八小時以上，事後未見機場負責人受到處分，亦未見李主席加以譴責。

四、資助民主進步黨：

本黨財務管理人劉泰英先生，奉黨中央之命與民主進步黨主席施明德先生會面，欲協助民主進步黨尋找合適地點作為該黨中央黨部，並提議與該黨合作經商。此次省（市）長（議員）選舉，已知本黨資助了民主進步黨競選經費新台幣三千萬元。本黨全力協助一個以分裂國土為目的的在野黨，使其壯大，是何道理？

五、本黨黨產及黨費運用黑箱作業：

確悉，本黨黨產值新台幣數千億元，但黨中央從未對全體黨員同志公布，亦從未告知全體黨員同志有關黨費運用情形。其實，黨內根本沒有一個監督黨產和財務的機構，連黨副主席都不知道黨產情況。十四全大會及中全會均有同志要求黨中央公布黨產及財務狀況，但黨中央根本置之不理。

六、黨籍總檢查遲未實施：

第十九次黨籍總檢查於民國七十六年實施以來，至今已超過六年，一位六年前逝世的老黨員，最近仍能收到黨部通知，要他參加黨的活動。本黨號稱有二百多萬黨員，目前，究竟仍有多少同志認同本黨？

七、不當的當然全國黨員代表：

依據黨章規定，全國黨員代表應由黨員選舉產生，

或依人團法精神允許上一屆中央委員擔任下一屆全國黨員代表，但現任立法委員、國民大會代表及省（市）議員，成為第十四屆全國黨員大會的當然代表，則顯然違反黨章的規定，亦有違人團法之精神。

八、與日本人司馬遼太郎推心置復的交談，道出李主席內心深處所隱藏，極端錯誤觀念的重要部分，要點如下：

（一）台灣是無主之地。

（二）「中華」「中國」「中國人」這些名詞，都是含糊不清的。

（三）台灣是台灣人的國家，必須是台灣人的東西，這是基本的想法。

（四）過去國民教育，教些大陸的事（指中國歷史、地理）真是荒謬的教育。

（五）當時祇准說中國話，現在，我要帶頭說台語（司馬遼太郎尚且知道李主席所謂台語，其實是閩南語。其實，方言不必壓制但應讓其式微。文化保存不應強調方言，否則，族群很難融和；過分強調方言，極可能造成國家分裂的現象），已是非如此不行了。

（六）最近我已不在乎如此說，國民黨也是外來政

權，祇是來統治台灣人的一個黨罷了，所以必須把它變成台灣人的國民黨。

（七）李登輝先生是在二十二歲時，由日本人成為中華民國國民。

（八）為何非換掉前行政院長郝柏村，也是因為他是外省人。

（九）希望以往被壓抑的人民們擁有自由意志後，去參與建國、建社會。

（十）日本人留下的東西很多，這就是科學觀點評價。

（十一）經國先生重用他是因為他看起來，像是一位只懂日本學問、農業問題的人，似乎對政治沒有興趣的樣子。

（十二）經國先生雖然患了那種程度的病，卻不認為自己的生命就要終結，是否真的希望讓他作為繼承者並不清楚。

（十三）「出埃及記」就是一個結論（效法摩西建立一個新國家的意志）已經出發了，摩西以及人民今後有得拼了。

九、規劃省（市）長提名人選，澈底暴露了李主席

個人的私心：

　　李主席登輝先生一心想當中華民國全體國民直接選舉的第一任總統，從修憲乃至省（市）長提名佈局，都是以是否有利於其個人參選總統的計畫為考慮，根本無視於該項作為是否有利於國家前途、人民福祉。

　　國民大會第一階段修憲時，本黨中央委員及著名法律學者均強烈主張，總統選舉以採委任直選為恰當，卻突然於一夜之間必須依李主席個人意見，將委任直選改為以公民直接選舉方式產生總統。更荒謬的是，最近一次修憲的結果，居然可以不設門檻的相對多數作為總統的當選方式，但修正後憲法所賦予總統的權力，有很多條文甚至超過典型總統制的美國。而且，中華民國總統不必向國民大會或立法院負責；尤有進者，罷免總統門檻之高，使得總統的罷免幾乎成為不可能。

　　此次本黨省（市）長候選人提名，由李主席個人一手操控，宋楚瑜先生當選了省長，不但李主席可得重用外省人的美名，也深知宋楚瑜先生不可能與李主席競爭總統候選人的黨內提名。可想見的，宋省長必然會全力支持李主席競爭總統候選人的黨內提名。規劃黃大洲先生參選市長並全力輔選，如黃大洲能夠當選固然很好，

至少黃大洲先生所獲得與趙少康先生的同性質選票，足
以使趙少康先生無法當選台北市長。陳水扁先生當選了
台北市長總比趙少康先生擔任市長好，因為陳水扁先生
容易加以攏絡，甚至可加利用。其實，李主席內心深處，
說不定就是希望陳水扁先生當選台北市長。一方面對國
際顯示中華民國在台灣的政治非常民主；另方面，也可
以提振中國國民黨黨員更深一層的危機意識，激發黨員
全力支持李主席競選總統。

十、李主席究竟要把中國國民黨帶到那裡去？

　　李主席登輝先生就任黨主席以來，對三民主義、五
權憲法根本不予重視。首先是高普考試不考三民主義；
現在，就連大學入學考試，都準備不考三民主義了。五
權憲法精神也因監察委員改為由總統提名，而喪失了對
總統監督的功能。此外，為什麼李主席會使人覺得所言
與所行連不起來，前言不對後語，甚至幾乎變成胡言亂
語。他說：「中國國民黨只有兩歲」又說：「要清倉了」，
這些話究竟是什麼意思？與黨內同志講話，說有人誤會
他贊成台獨，其實他是主張統一的。但當他與「世台會」
成員交談時，卻說：「台灣獨立不是容易辦得到的，急
不得，要慢慢來……」等語；與民主進步黨人交談時，

很多次也都講過類似的話。李主席登輝先生究竟有沒有理念？還是根本沒有原則？抑或有什麼陰謀？

　　自從李主席登輝先生擔任中華民國總統以來，國家發展方向模糊不清，金權政治與政治金權橫行，貧富懸殊現象日益嚴重，人民生活品質低落，對國家前途充滿不確定感，導致移民風潮明顯顯現。李主席對外宣稱為社會轉型期，社會雖仍能勉強穩住不致發生大亂，仍因中華民國在台灣四十多年來經濟發展與教育普及稍有成就，軍隊國家化做得不錯，文學校軍訓教官制度優良等因素使然。惟由於李主席個人因素所引發的政爭，致真正人才難以出頭，即使部分人才出頭卻無法久在其位，以致台灣地區土地與房價高漲，泡沫與不正常經濟活動一度嚴重危害經濟發展，就是目前經濟發展仍有障礙，外貿競爭力亦日漸衰落。政府官員貪瀆及官商勾結傳言不斷，高官判刑者有之。社會吸毒普遍，走私槍械、毒品猖獗，暴力犯罪、擄人勒贖案件層出不窮，選風敗壞無以復加。從最近一些一葉落而知秋的不尋常事實，顯現出社會的嚴重失衡，實在已到達令人非常憂心的地步。例如：前線將階指揮官自裁，採購軍火將級軍官被殺，中尉軍官搶銀行，甫出校門的少尉軍官販賣手榴彈、

專辦流氓的警官與流氓前妻結婚……，都是些空前的怪事。到了民國八十五年初，李主席獨斷獨行的擔任總統職務已屆滿八年，與美國國父華盛頓總統的時間相等，奮力為國服務，該貢獻的也貢獻出來了。年紀越大，身體會差，個性會更固執，為了他老人家的幸福、國家的前途、人民的福祉，我們實在不應該也不能支持李主席再競選第九任總統了。

今天中國國民黨李主席登輝先生之所以能夠如此獨裁，最主要原因是黨內不夠民主，黨內不能民主的最重要原因，就是黨章中存在著甚多可以使黨主席能夠獨裁的條文，而且黨章本身也不夠周延明確。因此，黨章必須儘早修改；否則，黨章內容不夠周延明確，黨主席可資運用作為獨裁依據的條文仍然存在，即使李主席下台後，新的黨主席亦必然會逐漸走向獨裁。因之，如何使黨的決策正確，但又不會形成黨主席的個人獨裁，現有的黨章必須審慎修改。現在要李主席接受極符民主精神的黨章修正案，那是絕對辦不到的，如果李主席繼續擔任黨主席，而黨章又無法向民主化方向修正，黨內高層繼續維持分裂狀態，黨內菁英繼續由本黨內部分離出去，到了明年初選舉總統時，極可能仍然依循去年台北

縣、今年台北市的失敗模式，將總統職位拱手讓給民主進步黨。因之，我們必須誠懇敦請李主席登輝先生立刻向中央委員會提出辭呈。黨主席辭職後，我們便可依據修正後的黨章選出新的黨主席，並確依新的黨章從事黨務運作，使本黨的活力重現。惟有如此，才能使現有的黨員心悅誠服，已失散的黨員同志能夠找回來。

如果李主席果然識大體自動請辭黨主席，則新黨有可能在短期內回歸本黨。若果短期內新黨仍無法回歸本黨，本黨則應與新黨衷心合作，以國家前途、民眾福祉為重，共同為中華民國前途打拼。此外，本黨執政以來的施政政策，無論大陸政策、內政、外交、教育、國防等各方面施政的得失很多，必須重新策定本黨的施政政策。因之，第十四屆全國黨員代表臨時大會應即召開，臨全大會必須以黨代表的提案討論為主（佔全會總時間四分之三以上），經深入研討後做成決議，作為本黨施政的依據，亦可作為本黨總統候選人施政政策的重要參考。

茲明確建議中央常務委員會：

一、務請於接到本決議書後二個月內，召開第十四屆全國黨員代表臨時大會。

二、接受李主席登輝先生辭呈，並於修改黨章後選舉新的黨主席。

三、本決議書起草人及熱心於本黨改革的全國黨員代表，得依個人意願成為第十四屆全國黨員代表臨時大會的籌備委員並即召開籌備會議。

全國黨員代表決議書起草人簽名（依姓氏筆劃為序）：

王振（大成米廠負責人）游鴻儒（崇城建設公司總經理）

丘衛邦（備役少將、留美密大工程碩士）彭業萍（交通業）

周思（出版社發行人）葛慶柱（退休教授、總理遺教研究會理事）

林國威（博士副教授）賈育民（律師）

段宏俊（世界論壇報董事長）鄧雪瑞（退役少將、眷村自治會會長）

全國黨員代表連署人簽名：

附件四

對「中台四箴行」之體認

丘衛邦

前　言

中台禪寺住持上惟下覺老和尚，天資聰慧，悲天憫人，出家前佛儒造詣均深，出家後深研佛理，修持篤實，為禪宗一代宗師。三十餘年來悉心弘宗演教，剃度子弟千人，皈依弟子數萬。乃於中台禪寺新建工程竣工擴大弘法前夕，倡中台四箴行：「對上以敬、對下以慈、對人以和、對事以真」，俾規範道場僧侶並據以淨化信眾。衛邦對儒家思想稍有涉獵，對佛教教義瞭解不深，敬謹以俗諦觀點，書對「中台四箴行」之體認，恭請老和尚鑒正。

一、對上以敬

「上」之定義為何？衛邦以為「父母」、「老師」、

「長官」三者可為主要。如無生我父母，我何來人間？若無父母養我，我如何成長？如無父母育我，我何能知處世之道？老師教我為人之才，導我以謀生技能，於我無所適從時解除疑惑。長官指（教）導我做事之法，培養我以工作能力，使我前程得以進展。「父母」、「老師」、「長官」均為我之恩人，故對「上」以敬乃天經地義。引伸言之，凡人有過我之處，我均應「敬」而習之，孔子曰：「三人行必有我師焉」，乃見賢思齊也。

二、對下以慈

「下」之定義為何？衛邦以為「子女」、「學生」、「部屬」三者可為主要，實均為我應慈愛之對象。蓋凡人均須對社會有所貢獻，故對子女應善盡養育之責，子女年幼時，我需細心照顧其生活，耐心導正其言行，務使身心得以健全發展。對學生之品德、學業與技能，為師者應善盡教（輔）導之責，對生活之指導與情緒之疏導要適宜，故現代之人師必須不斷研修、要能隨時代之演變而進步。為人長官之於部屬，宜以父母慈愛之心，勤教嚴繩以塑造良材，俾能他日當大任也。引伸而言，人有不如我之處，我應以「嘉善而矜不能」之心情，思

協助其改過遷善或精益求精，唯吾人皆作如是想，江山始能代出賢能，而國家始可永續發展。

三、對人以和

此處「人」之定義，宜為前述上」、「下」以外之人，此「人」範圍甚廣，社會中之大多數均屬之。因父母、子女，老師、學生，長官、部屬，乃至於我應學習或引以為戒之戚友，我均與彼等有所接觸，取「敬」抑「慈」均可得良性互動。但對大多數從未或少有接觸之人，因對其品德之賢、愚，才能之優、劣鮮有所知，故宜取「和」態度以待之。此「和」字可廣泛詮釋為「和善」、「和氣」、「和平」、……等，人與人唯能「和」始可言團結合作，能團結合作才能產生力量，唯大力量始能完成世間艱難事，故「對人以和」乃顛撲不破之真理也。

四、對事以真

所言「事」，宜屬一切思想、品德，言行、作為……諸端，就俗諦而言，最高層次之「對事以真」，應屬事物之「真理」。衛邦以為：能使萬物得以生生不息，與

萬事得以永續發展之理，是為「真理」。就思想、品德
而言，「對事以真」應為「真誠」；就言行、作為而言，
「對事以真」則為「真實」……等。古語云：「不誠無
物」又云「精誠所至金石為開」，可為「真心對事」之
必然。現代科技發達，一日千里或頃刻萬變，所賴者唯
「精實」二字，然必須「真」始能「精實」，是故「對
事以真」，無論其為形而上之哲學，為有形之物質，或
為能改善乃至創造物質之科技……等，均植根於「真」，
不「真」則諸事不能成，故「對事以真」可為任何事物
之「真理」，亦為人類得以永續發展之原動力。

結　論

由前述可知，「中台四箴行」，內容簡要、哲理高
深、運用廣闊、效果宏偉。簡而言之，「中台四箴行」
對心靈提升、做人道理、處事原則乃至科技發展均所適
宜；其為「真理」也，可放諸四海而皆準，百世以俟聖
人而不惑矣！

附件五

促進兩岸中國民主和平統一

（第九次修訂本）

中華民國統一中國聯盟主席丘衛邦恭撰
（民國 96 年 8 月 20 日）

　　國父孫中山先生八十二年前逝世於謀求國家和平統一旅次，臨終仍不斷呼籲“和平、奮鬥、救中國”。今中共欲以“反分裂國家法”最終達成國家和平統一，與國父當年為達成國家民主和平統一之精神一致。事實上，中華民國憲法增修條文就有“為因應國家統一前之需要”之句，而憲法第一條就明白寫著“中華民國基於三民主義，為民有、民治、民享之民主共和國”，今天中共在大陸實質上所實行者為三民主義，故國家統一後當然可以“中華民國”為國號，使目前熱心於國家民主和平統一膽識之士，不致為主張台灣獨立的自私政客，誣陷為出賣國家的台奸，嚴重阻礙國家民主和平統一的進程。兩岸問題純屬政治問題，應以政治智慧加以解決。

既然"反分裂國家法"並未訂國家民主和平統一時間，我們就應該採取行動，訂出一個對兩岸人民都極有利的"國家民主和平統一法"，明白告訴兩岸同胞，當大陸地區民主化到達台灣相近似程度時，經台灣地區人民舉行"中華民國民主和平統一中國意向公投"決定後，開始與中共協商如何達成國家民主和平統一之程序與步驟。如此，對兩岸人民實有百利而無一害！此一構想之實施有賴於台灣地區朝野黨派與熱愛中華民族華僑(人)之先知先覺者，是否能鼓動風潮造成時勢，產生一致堅強共識而定。下列論述可作為兩岸中國共同協商訂立"國家民主和平統一法"時之理論與實踐基礎。"國家民主和平統一法"應列入兩岸憲法條文之中，該等憲法條文未經兩岸人民同意，單方面不得更改其中一字，俾確保兩岸關係之良好發展與"國家民主和平統一法"之貫徹實施。如此，則兩岸無須為爭取邦交國互鬥，浪費大量公帑，而台灣地區更不必為購買防衛武器損耗驚人經費，致嚴重影響國計民生。

二十一世紀內，中國統一於國父孫中山先生之建國理念，為歷史趨勢之應然、當然與必然。國家統一為偉大、精密工程，必須要以民主和平方式依計劃按步驟循

序進行，且於統一過程中兩岸必須相互尊重、互助合作，於既有基礎上各自提升其人民生活品質為宗旨。中華民國為世界偉人孫中山先生（政治思想、理論、革命家）所創建，更是聯合國的創始會員國。尤有進者，乃中華民國為抗日作戰之主體，日本無條件投降之接受對象，且為民國三十八年九月二十一日向聯合國提出"控蘇案"，而於民國四十一年二月一日第六次會議正式表決通過之提案國，對外蒙之回歸祖國有呼籲與爭取之優勢！毛澤東先生生前接受法國記者訪問時曾言，其生平最大錯誤是更改了中華民國的國號和國旗（故兩個中國、一中一臺乃至一國兩府實為中共所造成），中共的"中國人民銀行"曾經以"中華民國三十八年"為紀年發行過壹佰元、貳佰元、伍佰元、壹仟元、五仟元、壹萬元、伍萬元等大面額人民幣，凸顯中共當年遵奉中華民國國號的事實。目前中共領導人仍言，只要確定中國有一天能夠統一，兩岸什麼問題都可以談，而這當然包括國號和國旗在內。

二十世紀的中國有幸出現了六位偉大政治家，那就是創建中華民國的孫中山先生，完成國家統一與光復台灣的蔣中正先生，領導中國共產黨協同中國國民黨共同

抗日並創建中華人民共和國的毛澤東先生，建設台灣地區成為三民主義模範省的蔣經國先生，在大陸地區實行有中國特色的社會主義與改革開放的鄧小平先生，與將大陸地區導向政治隱定、經濟繁榮、思想自由與民生樂利的江澤民先生，以上六位政治家都是由於其個人的因緣際會，了解歷史發展趨勢，掌握並主導歷史發展而成其偉大志業。立於二十一世紀末葉來看今日台海兩岸關係，祈盼胡錦濤與馬英九兩位先生能慎重考慮與深切體認者厥為下列十點：

一、兩岸政治制度相差甚巨，大陸地區地大人多，國家現代化須時甚久，兩岸不應急於為統一而統一，然於二十一世紀內，國家統一為中國歷史發展之應然，當然與必然。

二、二十一世紀為民權與民生之擅長時代，也是一個政治與經濟制度日趨完善且發展迅速的時代，中華民族豈能讓世界諸先進國家專美於前。

三、於國家民主和平統一過程中，兩岸必須相互尊重、互利雙贏，且能於既有基礎上提升其各自人民之生活品質。

四、國家統一為偉大精密工程，必須要以民主和平

方式依計劃、按步驟、循序漸進，才有可能順利圓滿達成。

五、達成國家民主和平統一在於兩岸人民均應獲得相當之法治與民主，而兩岸民主選舉之實踐，具明確的實質與指標意義。

六、海基與海協兩會應儘速合併，合併前應先廣徵海內外有識見與熱心於中國統一之國人、華僑（人），乃至外國人士參加，可名之曰：“促進國家民主和平統一基金會”共同研討並擬定增進兩岸同胞福祉之政治、經濟、文化、教育等改革與有利於兩岸發展之實施方案，提供兩岸政府作為改革與互惠合作之參考。

七、台灣是因中國甲午戰敗才割讓給日本的，經過八年抗戰，犧牲了三千五百萬軍民生命，損失財產無數，台灣才得以光復。台灣地區一小撮自私自利的政治人物，認為可以不顧血脈之情與解救之恩而脫離其同文、同種的中國，是一種數典忘祖、極其無知、頹廢與自私的想法。創建中華民國的中國國民黨，有義務依計劃、按步驟，迅速有效的向台灣同胞宣導有關歷史之真相。

八、一國之內存在兩種截然不同的政治制度，基本上是荒謬的。若是一方強以“一國兩制”急於作名義上

的非常統一，或作為控制對方的手段，不是信心太差，就是虛榮心在作祟。

九、祈盼胡錦濤與馬英九兩位先生能以大智、大仁、大勇的精神，領導兩岸高層共同研究出兩岸同胞均衷心贊同，周延完善的兩岸合併構想，為未來國家民主和平統一之達成奠定堅實的基礎。

十、中國統一後，應回歸孫中山先生的國民革命目的，國號宜為中山先生所創建的中華民國，國旗為革命先烈陸皓東先生所設計圖案的青天白日滿地紅。中國共產黨所實行者為有中國特色的社會主義，宜正名為"中國社會主義黨"以符其實。基於現階段國體分治與國土分裂之事實，欲求有利於兩岸人民福祉與國家民主和平統一，應將中華民國"國家統一綱領"、"江澤民先生八點"、"胡錦濤先生四點"以及有關國家民主和平統一的意見言論，融和成一具前瞻性之"循序漸進"程序，將國家民主和平統一區分為三個時期予以實現。

一、一國兩政體時期：本時期兩政體之憲法，應增列內容完全相同之專章："促進國家民主和平統一暫行條款：，為驅除兩岸同胞多年來之不信任感，使台灣地區同胞對中共產生好感起見。中華人民共和國不但不阻

止，而且應於適當時機協助中華民國進入聯合國乃至成為非常任理事國，共同為世界大同之人類福祉而奮鬥，則世人會對中國人刮目相看。為促進大陸地區之民主化，中共應於適當時機解除報禁，並循序實施鄉（鎮）級以至縣（市）級之民主選舉，本時期預定需時五十年，但可依兩岸互動的進展情況作適切的調整。如此，大陸地區可實施一黨專政到達"邦聯時期"，讓中共主導民主化可依國家現代化程度決定，對中共政權不會造成壓力，而台灣地區亦不致產生任何壓力。

　　二、邦聯時期：本時期之實施，必待兩岸達成完全互信，彼此意識型態歧見完全泯滅，斯時應共同使用一本憲法，可名之曰："大中國邦聯憲法"唯憲法條文中有關台灣地區部分應列專章："臺灣地區特別條款"，明訂台灣地區之政治制度、經濟發展、軍事組織與對外關係之完全尊重。此時，兩岸政黨便可互相開放，為兩岸合併預作準備，斯時極可能有亞洲國家如蒙古、越南、新加坡等會自願加入。本時期之重點工作為大陸地區民主化之加速推行。至於民主選舉，則應循序到達省（直轄市）級，依計劃按步驟為國家級民主選舉奠基。

　　三、兩岸統合時期：必須在兩岸政治、經濟、文化、

教育等制度，已因長期交流而達相近似程度，以"大中國邦聯憲法"為基礎訂定"中華民國憲法"，透過海峽兩岸人民均認同之國家統一選舉制度，於兩（或多）地區同時實施縝密周延與公正、公平、公開的民主選舉產生中華民國總統，才算圓滿達成國家和平統一的理想。

國父孫中山先生於其三民主義一書序言中對國民革命事業有言："吾心信其可行，雖移山填海之難，終有成功之日。"中山先生信心自何而來？先生另一名言可為之應："凡事有順乎天理應乎人情，為群眾所需要者終必可成。"而中山先生所發明之三民主義，乃集合古今中外政治學說與制度精華，加上其本人深思熟慮之獨到見解而成。證諸當前世界政治潮流之趨勢，無論其為資本主義社會抑為共產主義國家，無一不是逐漸趨向於三民主義的理想境界，此乃因三民主義實為最合乎人類生存發展之需要，故中國之發展必以三民主義為依歸，亦為兩岸中國人必由之康莊大道。大陸地區近三十年來推行且卓然有成者，為有中國特色的社會主義與改革開放，其實就是三民主義中的民生主義之部分實施，而目前所推行的村長選舉，其實就是民權主義的初步實踐，而國內各民族一律平等的概念則為民族主義所主張。既

然中共在中國大陸所實質推行者為國父孫中山先生所主張的三民主義，與中國國民黨所信奉者完全相同，況且民國十三年一月三十日毛澤東先生先於蔣中正先生即於中國國民黨第一次全國代表大會當選為候補中央執行委員，可見先總理孫中山先生對毛澤東先生的倚重，中國統一後為實現孫中山先生國民革命目的，使用中華民國國號與青天白日滿地紅國旗乃天經地義，中國統一後應全面振興國家，並與世界列強共圖天下為公之大同理想。於此"十倍速"變革之資訊時代，兩岸政府應積極密切合作，在教育與優秀科技、勞工人才交流，產業垂直、水平分工上著力，提升兩岸人民生活水平，經濟上趕上先進國家，政治上主導世界和平發展。不斷宣揚中國和平崛起有利世界之和諧進步，實為消除世界列強對中華民族和平崛起疑慮之不二法門。

中華民國統一中國聯明宗旨：

實踐　國父孫中山先生國民革命目的，促進兩岸中國民主和平統一，全面振興國家，邁向世界大同。

中華民國統一中國聯盟：成立日期為中華民國九十四年十二月十二日、中華民國政治團體立案政治證字第零肆陸號。會址：台北市　羅斯福路六段十號三樓

　　丘衛邦簡歷：陸軍軍官學校理學士、美國密西根大學土木工程碩士、前陸軍軍官學校副教授、前國防部計畫參謀次長室計畫處少將處長、前陸軍野戰師少將副師長。

　　丘衛邦簡史：凜於李前總統明統暗獨對國家前途與人民福址之危害性，民國七十七年十二月一日，毅然申請並提前六年九個月以少將軍階退伍（退伍前一年考績列特優）。當選中國國民黨第十四屆候補中央委員，於出席全國黨員代表大會、中央委員會議，乃至列席中央評議委員會議，均勇於發表對抗台獨意識與防止黨內分裂言論，力圖挽狂瀾於將倒。往者已矣，來者可追！如今李登輝老先生，目睹中國和平崛起勢不可擋，勇於發表昨非今是言論仍應予以肯定，吾人更應積極以一笑泯恩仇之雄心壯志，敦請李登輝老先生、宋楚瑜主席及郁慕明主席重返中國國民黨；團結台聯與民進黨中昨非今是的瞻識之士，共同戮力向中共作政治奮鬥，共同邁向合乎中華民族永續生存發展之"中華民國統一中國"康莊大道，全面振興國家，促進世界大同。

　　本文刊於"國是評論"166期（民國96年5月1日）

　　附英文

Promoting Two Coasts China Democracy Peaceful Unification

By General Qiu Wei Bang,　　　　June 15, 2009

From sf.worldjournal.com

http://sf worldjournal.com/printer friendly/2726746

I would like to urge the leaders across the Taiwan Strait to realize the purpose of Dr. Sun's National Revolution, which is to build the Republic and to strive together for world peace, using the great wisdom of their best people and great action to unify China into a country by following Dr. Sun's Republic of China, with the white sun blue sky earth red flag. For Communist China to fulfill the Chinese-colored socialist principles, it would be better to change the name to the China Socialist Party, in order to compete with our Chinese Nationalist Party to realize the Three Principles in a positive competition.

The 21th century is the age belonging to Human Rights and Popular Economy. Political and economic institutions should develop rapidly into a well-rounded system. China can't fall behind other advanced countries. But the political systems are very diverse along the Taiwan Strait. With a high population and vast land, modernization needs a long time to be perfected, so we do not expect to be unified soon. However, in the 21st century, it is bound to happen. This is the current trend in Chinese history. We believe national democracy and peaceful unification should be fulfilled in these stages.

1. A time of One Country, Two Political Bodies. For this stage with two constitutions, we should amend both constitutions to list the same content such as "Promote National Democracy and Peaceful Unification" in order to remove the mutual distrust of many years. To make people in Taiwan like Communist China, the PRC should not forbid but assist the ROC to enter the U.N. as a member at the right time, to work for world peace and human

interests. That way, the world will reevaluate their attitudes toward Chinese. To promote democracy in China, Communist China must phase out their censorship of the press, and start to institute town, county and city-level elections. This era may take 50 years. But we can make adjustments based on the developmental situation along the Taiwan Strait. So, the PRC can change from having only one party to the "Federated Era", based on the degree of modernization of their nation. This won't create pressure on the ruling political power, and Taiwan won't have any pressure.

2. Federation Stage: This period must wait until when both sides reach to a mutual trust. When the ideological divergence is gone, and we will use one Constitution, called the "Greater China Federation Constitution". Any item to do with Taiwan must be listed in a special chapter: Taiwan District special items clause, to stipulate that the Taiwan district political system economic development, military

organization and foreign relations must be respected entirely At this point, the parties along the Taiwan Strait can be open toward each other, to prepare to combine. Asian countries such as Mongolia, Vietnam, and Singapore will also join voluntarily. This era's main work is to speed up mainland China's democracy. With respect to democratic elections, it can get started from the smaller cities at the bottom of the totem pole up all the way to the centrally-governed direct jurisdiction (Zhi Xia, literally "direct governed jurisdiction") cities such as Beijing, Tianjin, Shanghai and Chongking. This way you can have a solid foundation to build up a hierarchical structure of the election system. This is the procedural map for the foundation of the national level democratic election.

3. The Era of Unification. When there is the time that the overall systems such as political, economical, cultural and education reach to a comparable level as a result of the long period of exchanges across the

Taiwan Strait, we can use the "Great China Federation Constitution" as the basis to finally institutionalize the "Republic of China Constitution". Via a mutually agreed national unification election system, we will create a President of the Republic of China, by method of simultaneous election which is fair, equal and transparent. Thus a new president of the Republic of China will be born, and China will finally each to the ideal of national democracy and peaceful unification.

National China Democracy Peace Reunion Foundation

Our Foundation is based on Dr. Sun Yat-sen's ideal that all under heaven is public, and the world is one in harmony. We should devote ourselves for human welfare, world eternal peace, and to promote China democracy peace reunification on both coasts of the Taiwan Strait. There are three stages to realize our goal.

1. One Country with Two Political Bodies Stage:

At this stage, two political bodies' constitution must

add a joint chapter that has exactly the same content, named "Promoting national democracy peace unification temporary clause", to promote China mainland district democratization process.

Communist China at an opportune time should be rid of press censorship, and should have democratic elections at the town, city, and county levels. This stage is temporarily scheduled to be 50 years long, although this can be adjusted based on the ongoing progression between both sides of the Taiwan Strait.

2. Federation Stage:

Both sides of Strait share one common Constitution, named as "Greater China Federation Constitution". In this constitution any clause concerning the Taiwan District portion should be listed in a special chapter, stipulated clearly as Taiwan District political institutions, economic development, military organization, and foreign relations, all should be honored and respected.

The main emphasis at this stage is the work of mainland district democratization at full speed. At this time, political parties on both sides can be open to each other. The democratic elections should be extended upward to the provincial level. (including Zhi Xia Shi cities directly under the central government jurisdiction, such as Beijing, Tianjin, Shanghai, and Chongqing)

3. Both Coasts Unification Stage:

At this stage, both coasts' political, economic, cultural, and educational institutions will reach a similar degree because of long-term exchanges. We can apply the Greater China Confederation Constitution as the foundation to institute the ROC Constitution that is based on Dr. Sun's Three Principles, as "people own, people rule, and people enjoy the benefits".

With the mutual agreement and recognition of people on both coasts, the election system will realize fair, just, and open democratic elections at a national level. A president of the new unified Republic of China will be elected, to fulfill the ideal of reaching national democratic peaceful unification.

Conclusion.

After unification, our Republic of China will work closely together with the world's advanced democratic countries to jointly make great efforts in sustaining long-lasting world peace and promoting human happiness.

附件六

中華民國民主
和平統一中國意向公投

提案人：丘衛邦

說明：

　　一、大陸地區三十餘年實行「有中國特色的社會主義」與「改革開放」，其實就是國父孫中山先生的民生主義。最近舉行的村長普選就是民權主義的起步。中共前領導人江澤民先生公元二〇〇二年訪問歐洲時曾言，中國於二十一世紀中期可以成為一個相當民主的國家。前領導人胡錦濤先生訪問美國時則言，中國要幾代人甚至幾十代人才能趕得上美國，這當然就包括美國的民主制度。胡錦濤先生對大陸地區臺商領導人談話，明確表達決不允許臺灣脫離中國大家庭，就是民族主義。今大陸地區領導人習近平主席宣示，堅持從中華民族整體利益的高度把握兩岸關係大局，認清歷史發展趨勢中把握

兩岸關係前途；在增進互信、良性互動、求同存異、務實進取中，穩步推進兩岸關係全面發展。上述之言，已超乎意識形態，具高度歷史遠見與智慧。

二、臺灣地區實行三民主義較大陸地區早二十餘年，成果豐碩，但最近三十餘年在民族主義方面卻退步為了不正確的「臺灣獨立」思想而「去中國化」，顯然是不智之舉。祇有主張協助并等待大陸地區民主化，達到與臺灣地區相近似時，走向國家和平統一，才是歷史發展的應然，也符合大陸與臺灣同胞也就是中華民族的利益與前途。

三、大陸地區尚未民主化前，臺灣與大陸合并是不智亦無可能，而中共以飛彈對準臺灣并宣稱不放棄武力犯臺，可說是極不得當。中華民國應不卑不亢地表示，祇要大陸地區民主化到達臺灣地區民主化程度時，透過臺灣同胞意願的表達，是可以與大陸地區合併成為統一國家的。

四、〔中華民國民主和平統一中國意向公投〕是「化獨漸統」有效促進大陸民主化的積極作為，當中華民國選民百分之五十以上認同兩岸最終走向和平統一，政府應即與中共開始協商循序漸進，依計劃按步驟的國家統

一相關事宜。

五、臺灣同胞本來就來自中國大陸，有權利更有義務協助大陸同胞建設現代化的三民主義新中國，國家統一後當然應該按照國父孫中山先生的建國理想，國號以中華民國而國旗以國父所主張的青天白日滿地紅為至當，復興中華民族，與世界諸先進民主國家竭誠合作，促進天下為公的世界大同。

辦法：〔中華民國民主和平統一中國意向公投〕，擬於民國一〇五年總統、副總統選舉同時舉辦，此後每隔四年與總統、副總統選舉同時舉辦，一直到本意向公投為百分之五十以上選民所認同。

附件七

我們要全面振興中華民國（修訂本）

中華民國統一中國聯盟主席丘衛邦恭撰
（民國 103 年 10 月 10 日）

中華民國為國父孫中山先生領導革命先烈先賢，歷經十七年漫長犧牲奮鬥始艱苦創建，若無中山先生領導國民革命，中國極可能隨滿清之覆亡而遭列強瓜分。民國成立後，袁世凱稱帝於前，軍閥割據國土在後，以黃埔菁英為骨幹之國民革命軍於民國十七年統一全國。此後，卻因清除軍閥及國共內戰破壞於內，日本帝國主義侵略在外，民國二十六年七月七日發生盧溝橋事變，中國被迫全面對日抗戰，經全國軍民長達八年之浴血奮戰，犧牲無數生命財產後始獲勝利，但慶幸光復了馬關條約所喪失的國土——臺灣。目前，臺灣地區一小撮自私自利的政治人物，認為可以不顧血脈之情與解救之恩而脫離其同文、同種的中國，是一種數典忘祖、極其無

知、頹廢與自私的想法。基於歷史及現實考慮，欲清除臺灣獨立思想於無形，必須建立“中華民國統一中國”思想始為功。

民國三十七年先總統蔣公自中華民國總統職位引退，卻以中國國民黨總裁身份指揮黨員將中華民國國庫所存放之幾百萬兩黃金與數量龐大的故宮寶物遷運來臺，同時號召了為數百萬以上出生中國大陸的反共抗俄菁英，於當時危疑震撼與貧窮落後的臺灣，從事非常危險與艱苦的保衛與建設臺灣工作，始奠定中華民國今日富裕繁榮的基礎。先總統蔣公逝世後，蔣經國先生以中國國民黨主席身份兼行政院長，以“犧牲享受，享受犧牲”精神勵精圖治，毅然推動十大建設，奠定臺灣經濟起飛基礎，使中華民國成為政治穩定、經濟繁榮、教育普及、國民財富平均、社會安祥和諧與人民安居樂業的樂土，成為亞洲四小龍之首。

臺灣除了極少數目之原住民外，今日生活在臺灣地區的所謂本省人或外省人，其實都是先後從中國大陸移民來臺的中國人。因之，我們沒有理由去分彼此，都應該有全面振興國家的雄心壯志，如何才能振興中華民國？無他，那就是有識之士（不分藍綠）都不能放棄自

己的責任，一定要認真實行合乎時代需求的三民主義。
證諸當前世界政治潮流，無論其為資本主義社會抑為共
產主義國家，無一不是逐漸趨向於三民主義的理想境
界，此乃因三民主義為最合符人類生存發展需要，故中
國之發展必以三民主義為依歸，亦為兩岸中國人必由之
康莊大道。大陸地區近三十餘年來推行且卓然有成者，
為有中國特色的社會主義與改革開放，其實就是三民主
義中民生主義之部分實施，而目前所推行的村長選舉，
其實就是民權主義的初步實踐，而國內各民族一律平等
的概念則為民族主義所主張；臺灣地區實行三民主義較
之大陸提早近三十年，其成效顯而易見。故兩岸中國統
一於中山先生所倡導之三民主義，以圖中華民族之復興
強大，應為兩岸中國人之共同願望。

　　中華民國憲法增修條文有“為因應國家統一前之需
要”之句，而憲法第一條就明白寫著“中華民國基於三
民主義，為民有、民治、民享之民主共和國”，今中共
在大陸地區實質上已拋棄共產主義，所實行者應屬三民
主義。中華民國為孫中山先生所創建，更是聯合國的創
始會員國。因之，兩岸中國合併後，理應仍以中華民國
為國號。臺灣地區自李登輝先生掌權後，經濟政策已向

財團傾斜，貪腐現象日趨嚴重；陳水扁政府勾結財團掏空國家，貪腐現象極其嚴重，社會風氣為之敗壞；大陸地區經濟發展快速，但貪腐現象嚴重，貧富懸殊突出，中華民國與中華人民共和國在實行三民主義方面是競爭的，也應該是競爭的，因為競爭才有進步。臺灣地區現代化進程較諸大陸地區提早三十年，臺灣地區在實行三民主義的成效上會比大陸地區較具優越條件，故以中華民國國號統一中國有其可能，前提是臺灣必須確實能重新成為三民主義的模範省，在政治、經濟、文化、教育各方面都足以成為中國大陸的表率，才能理直氣壯的說：＂兩岸合併後當以中華民國為國號＂。

全面振興中華民國，首先中國國民黨必須重振黨魂，而黨魂重振應宣示決心，決心宣示則應從修改黨章開始，我們建議中國國民黨黨章第一條宜修正為：＂中國國民黨基於三民主義，建設臺灣與大陸政權斡旋合作、互惠共利、攜手並進，當大陸地區民主化程度與臺灣地區相近似時，依總理之理想以民主和平方式依計劃按步驟，圓滿達成以中華民國國號統一中國，國旗為青天白日滿地紅之目的，全面振興國家，邁向世界大同。＂此一鮮明表達中國國民黨政治主張的決心，是領導國家

向前邁進的不二法門，更是團結有識之士，使青年人充滿希望與產生奮鬥動力的源泉。以下為如何達成全面振興中華民國的幾個關鍵問題與解決之道。

一、國家統一問題：

我們主張國家統一不是現在而是將來，是循序漸進分三個階段來完成；第一階段"現況"：兩岸充分互助合作，各自提升其人民生活品質，第二階段"邦聯"：兩岸政黨互相開放，良性競爭實踐民主，第三階段"合併"：必須經臺灣地區人民公投決定後，才開始與中共協商如何達成國家統一。如此，大陸地區中國共產黨可以繼續實施其目前之一黨專政到達"邦聯"階段，讓中共之民主化進程可依其國家現代化程度決定，對中共政權不會構成任何壓力，而臺灣地區也沒有任何與大陸地區合併的立即壓力，當大陸地區與臺灣地區民主化相近似時，兩岸合併自然水到渠成。

二、憲政體制問題：

民主憲政最重要之課題為政府祇能做好事不許做壞事，因之對執政者權力之適切制衡非常重要，昔日陳水

扁總統之所以能胡作非為到令人匪夷所思的地步，主要
原因為目前憲法賦予總統的權力過大，且不需負任何政
治責任使然。全國最高行政長官的行政院長，總統可以
隨意任免，行政院內的部會首長不是陳總統授意，就是
必須經他同意才敢於任命。很顯然的，刑事警察局長與
中央選舉委員會主任委員是陳總統的授意，更嚴重的是
職司全國檢察任務之檢察總長的提名也屬總統的權責。
司法院正副院長、大法官，考試院正副院長、考試委員，
監察院正副院長、監察委員的提名權均掌握在總統手
中。此外，對軍憲警調重要人事任免之操控更是不在話
下。民國 93 年 3 月 19 日下午陳總統及呂副總統拜票遊
行時遭槍擊事件之所以無法偵破其原因不言可喻。

中國國民黨應團結立法院內有識立法委員，排除一
切困難完成中華民國憲法條文之增修，使國家有最富人
望的總統、副總統，並有最賢能的行政院長以服務人民，
其關鍵項目如下：

（一）總統、副總統須獲參與投票選民過半選票始
為當選。

（二）行政院院長由總統提名，經立法院同意任命。

（三）檢察總長候選人資格由立法院認定，經全體

選民過半數同意且得票數最高的當選人擔任之,任期四年連選得連任,與總統、副總統選舉同時舉行,其地位等同五院院長,由檢察總長主導建立比新加坡、香港更為完善之肅貪機構,使中華民國廉政達到世界之最。唯任職期間有過半數立法委員記名投票認為不稱職時自動解識,由過半數選民同意之次高票數當選人遞補之。

三、選舉制度問題:

目前世界各先進民主國家中,以英國的選舉辦得最好。英國採小選舉區制,全國分為六百五十一個選區,允許候選人用於選舉經費的上限,約合美金壹萬圓而已。英國選舉之所以能如此不花錢實有其改革過程,一百多年前的英國也是金錢橫行,賄選行為家常便飯。當時的首相威廉‧克拉德遜眼見世風日下,不得不痛下猛藥,遂於一八八三年不顧個人政治生命和議會強大阻力,制定了嚴格的"政治腐敗防止法"才得以力挽狂瀾。

欲達到選賢與能之目的,必須嚴密立法以杜絕金權政治與政治金權,參選人必須為賢能者始具資格,故變革選舉制度才是正本清源之道。以下五項實為關鍵:

(一)中央選舉委員必須超然獨立,故中央選舉委

員會主任委員與中央選舉委員會委員必須由立法院決定，且對立法院負責。

（二）小選舉區制（中央及地方公職人員之選區，均以當選一人為原則），限額經費（以所參選職務之二個月薪資為其上限）並嚴格監督。使用競選經費超額者當選無效，賄選者法辦。

（三）優秀公教（制定候選人品德要求標準，例如有犯罪與逃漏稅紀錄者即不合要求標準），當選中央或地方公職人員，應留職停薪，其服務年資可併入留職之年資計算。

（四）賢能人士（制定候選人品德要求標準，例如有犯罪與逃漏稅紀錄者即不合要求標準），參選中央或地方公職人員，當選後之服務年資比照相當之公職年資計算領取退休金。

（五）允許政黨使用之競選經費須立法適當限制（額），並應制定完善制度嚴格監督。若候選人賄選，其所屬政黨須負連帶責任，輕者罰款重者撤銷其政黨執照。政黨使用之選舉經費超過限制（額）者，該黨之候選人全數當選無效，撤銷其政黨執照。

四、經濟與失業問題：

兩岸自從開放交流以來，經濟關係日趨密切，近三十多年來臺灣經濟得以持續發展，大陸對臺灣的貢獻甚多，尤其是最近二十餘年，臺灣若無對大陸大幅度出超，臺灣早就變成入超國了！"管理在臺灣，製造在大陸，總部在臺灣，營運在大陸"是臺灣經濟得以持續發展的原因。臺灣傳統工業技術的提升，知識經濟的創新，與新高科技的研發，除了要確實掌握大專科技教育方向與內涵，成立"職合研發中心"以提升中小企業創新、研發實力，並協助中小企業建立物流行銷管道、創造國際品牌、強化運籌能力以提升競爭力外，更重要的是要能運用大陸乃至世界的優秀科技人才；臺灣觀光事業的前途無可限量，而這一切均有賴於兩岸互惠合作關係的建立。解決失業問題，除結合失業救助、職業訓練及就業輔導三項措施，協助失業者學會新技能盡速恢復就業外，另方面要以最優惠租稅環境暨國際化金融制度全力改善投資環境，使大量投資創造大量就業機會。

五、貧富差距問題：

　　貧富差距是衡量國家是否現代化的一項指標，貧富差距大的社會，除產生不公、不義、不平，容易造成社會不安外，更有人與人間立足點不平等的問題，使大部分貧困家庭的優秀子女，無經濟能力得以接受應有的良好教育，令國家生存發展失去甚多有創造力的知識與科技力量，陷國家於貧弱，而推動民生主義建設則會使國家經濟均衡發展，縮小國民貧富差距。

　　以下四項或可為關鍵。

　　（一）民生主義之精神在發達國家資本與節制私人資本；攸關國計民生之事（企）業，其必然賺錢者應由國家賢能之士負責經營，以充實國庫，為維持人民生活品質，必然會賠錢的事（企）業亦應由國家賢能之士負責經營。

　　（二）立法嚴格限制大財團併吞一般企業及公營企業，以免少數大財團操控全國經濟；強化基層金融體質保障人民生活，尤其要照顧農漁民權益；提高基本工資改善生活品質，創造就業機會保障人民生活，全力扶植中小企業；開辦國民年金保險，確保人民生活安全。

　　（三）妥善改進賦稅制度，從教育著手，使高所得者產生愛國情操樂於繳納較高稅賦，杜絕一切大戶與高

所得人士逃漏稅金之可能途徑，增加國庫收入，使國家能掌握足夠財源，以達到人人有飯吃、有屋住、能上學、有工作、有醫療。

（四）為充實國庫，應掌握奉公守法有財力者渴望名譽之心理，如納稅累積或損獻新臺幣若干億者可成為終身榮譽資政、國策顧問、五院（行政、立法、司法、考試、監察）顧問、直轄市或縣（市）顧問乃至相當之官位，使之成為國家之熱烈忠誠支持者。

六、文化教育問題：

文化教育影響既深且廣，教育改革應以人文導向、資源導向、主體導向來推動。人文導向強調人才是教育的重心，教育我們的下一代具備二十一世紀公民應有的民主素養、文化素養、科技素養與世界觀的情操。資源導向強調增加教育改革的經費，搭建配套措施，使各項改革不致因資產不足而失敗，尤其師資的培育與提升更刻不容緩。主體導向強調教師與學生才是教改的主體，必須將師資廣泛納入教改的決策與執行體系中，才能保證教育改革的成功。文化建設應以品德、倫理為基礎。立法保障家庭成員尤其是老年人的生活品質、安全保障與和諧融洽。

七、兩岸軍事安全機制問題：

　　兩岸軍事力量以保障國家安全為目的，兩岸不應以對方為假想敵，確保兩岸不會兵戎相見。因之，兩岸軍事安全機制的建立非常重要，但首先兩岸應確立國家最終統一為前題，政治問題解決了，軍事衝突便不存在。

　　中華民國統一中國聯盟宗旨：

　　實踐　國父孫中山先生國民革命目的，促進兩岸中國民主和平統一，全面振興國家，邁向世界大同。

　　中華民國統一中國聯盟：

　　成立於中華民國九十四年十二月十二日；中華民國政治團體立案政治證字第零肆陸號；會址所在地：臺北市羅斯福路六段十號三樓。

　　丘衛邦（Wei Pang Chiu）：
　　125 Mason St＃1103
　　San Francisco, CA 94102 U.S.A
　　Tel. 415-637-0422
　　臺灣桃園市國強一街 261 號 8 樓之 2
　　Tel. 03-379-5325

附件八

國家和平統一宣言（103.11.10）

丘衛邦

一、促進「國家和平統一」認知

大陸地區領導人應有信心，祇要繼續貫徹改革開放之三民主義理想，不怕中國不會強大，更不怕在臺灣的中國同胞不與大陸重合；而在臺灣地區的中國同胞也不可妄自菲薄，逃避身為中國人的榮耀，應自我肯定中國為一有五千年悠久光榮歷史的國家，且近代更有一位為全人類所景仰的偉大政治思想家——孫中山先生，海峽兩岸中國人都因實踐了他的建國理想而富裕強大。

二、促進「國家和平統一」理念

海峽兩岸分別成立海基會、海協會，然和平統一進程仍然不彰，究其原因，實因兩岸對「國家和平統一」理念

不能一致使然，下述九項理念，極有助於「國家和平統一」之達成。

（一）國家統一後，臺灣地區必然是中國的一省，但尚未統一前，中國是「分治」的。

（二）大陸地區物博、地大、人多；臺灣地區物薄、地小、人少。因此「國家和平統一」的主導權顯然掌握在大陸地區而非臺灣地區，故中華人民共和國政府必須對「國家和平統一」成敗負責。

（三）中華人民共和國使領館應與中華民國準使領館及中華民國使領館與中華人民共和國準使領館間，應保持密切合作關係，共謀僑胞（華人）福祉。

（四）基於海峽兩岸經濟發展需要，大陸與臺灣地區應根據產業發展情況作適切之垂直與水平分工；兩岸優秀科技、勞工人才，應該互通有無。

（五）為提升海峽兩岸人文水準與科技水平，兩岸高等教育宜密切合作。

（六）為了中華民族的生存發展，兩岸同胞宜無私地相互作農漁業技術交流，以裕兩岸之民生需求。

（七）如果中華民國能得到中華人民共和國的協助，順利進入聯合國，甚至成為非常任理事國，則兩岸關係可以獲得根本改善。

（八）基於國家必會統一之理念，臺灣購買防衛性武器之行為，中華人民共和國政府實不必加以阻撓，蓋此等武器實為中華民族整體防衛力量之一部。

（九）在今天這個「十倍速」變革的資訊時代裏，海峽兩岸政府除應提供國民適切的教育機會，以提升國民的品德、知識與就業能力之外，更重要的是必須構建一個民主、自由、有序的政府，使品德優良、聰明才智之士，得以充分展露其才華的開放社會。

三、促進「國家和平統一」作為

基於現階段國體分治與國土分裂之事實，卻求有利於兩岸人民福祉與「國家和平統一」，應將中華民國「國家統一綱領」，習近平主席四點以及有關「國家和平統一」的意見言論，融合成一具前瞻性之「循序漸進」程序，將「國家和平統一」區分為三個時期予以實現。

（一）一國兩政體時期：本時期兩政體之憲法，應增列內容完全相同之專章：「促進國家和平統一暫行條款」，成立「促進國家和平統一基金會」，由兩岸、海外華僑（人）菁英共同組成，研商並促成有利於兩岸政治、經濟、文化、教育等建設方案，有效達成兩岸互助合作。本時期預定為時五十年，但可依兩岸互動情況作適切之調整，為促進大

陸地區之民主化，中共應於適當時機解除報禁，並循序實施鄉（鎮）級以至縣（市）級之民主選舉。

二、邦聯時期：本時期之實施，必待兩岸達成完全互信，彼此意識型態歧見完全泯滅，斯時應共同使用一本憲法，名之曰："大中國邦聯憲法"，唯憲法條文中有關臺灣地區部分應列專章："臺灣地區特別條款"，明訂臺灣地區之政治制度、經濟發展、軍事組織與對外關係之完全尊重。此時，兩岸政黨便可互相開放，為"兩岸合併"預做準備，斯時極可能有亞洲國家如新加坡、蒙古、越南等會自願加入。本時期之重點工作為大陸地區民主化之加速推行。至於民主選舉，則應到達省（直轄市）級，依計劃按步驟為國家級民主選舉制度奠基。

（三）兩岸合併時期：本時期之實施，必須在兩岸政治、經濟、文化、教育等制度，已因長期交流而達相近似程序，透過海峽兩岸均認同之國家選舉制度，於兩岸或多地區同時實施縝密周延與公正、公平、公開的民主選舉以產生國家元首，才算圓滿達成國家和平統一的理想。國家統一後，以回歸國父孫中山先生國民革命目的，國號仍應為中華民國。中國共產黨則宜正名為中國社會主義黨，與中國國民黨共同為實現國父孫中山先生的建國理想，以三民主義為理論基礎的國家建設而奮鬥。

附件九

中華民族的輝煌願景

丘衛邦　106．12．02

　　宋朝國力雖強大，卻因偏安思想作祟，先敗於遼，再敗於金，終為元所滅。今兩岸相較，大陸地大人多，已是世界第二大經濟體，不久的將來會成為第一大經濟體，陸海空火箭軍戰力急速上升之中，他日若兩岸兵戎相見，台灣絕不是大陸的敵手。美日均承認兩岸同屬中國，不能亦不會介入中國的內戰。因此，中華民國絕不可有偏安思想"否則，最後必須接受中共所規劃的一國兩制或中共以武力統一台灣。

　　大陸中共總書記習近平於紀念孫中山先生一百五十週年誕辰時說：「中國共產黨也是孫中山先生的傳人」。為了中華民國的中興，亦為了中華民族的復興，中國國民黨必須要以中華民國民主和平統一中國為政治號召，給台灣同胞光明遠大願景，才能得到有識之士、有為青年的認同

與泛藍三黨的支持，也才有可能重掌政權，撥亂反正，給社會中堅的軍公教恢復應有尊嚴，確實實行三民主義，建設台灣示範大陸。目前，兩岸各方面交流已成常態，假以時日，中共必然會認同中華民國的政經制度。若大陸能於兩岸合併過程中，以其強大國力及與人為善的外交作風，除蒙古、越南、新加坡外，乃至東南亞國協中之某些國家，亦會自願加入「大中華民國」陣營，斯時，「大中華民國」就可以天下為公精神，促進世界大同了。

　　國父謂：「凡事有順乎天理，應乎人情，而為群眾所需要，最後必定成功。」，又謂：「吾心信其可行，雖移山填海之難，終有成功之日。」。今中國國民黨為完成國民革命目的，面對台獨與本土派獨台，實與國父當年對抗保皇黨與立憲派之鬥爭相似，雖艱苦，然只要鍥而不捨，奮鬥不懈，終能可以獲得勝利也。

　　中國國民黨第一次革命：推翻滿清。

　　中國國民黨第二次革命：打倒袁世凱。

　　中國國民黨第三次革命：與中國共產黨幹旋合作，完成國民革命目的，建立「大中華民國」。

附件十

兩岸中國人的未來

丘衛邦 2018.09.30

　　值此 2018 台灣九合一選舉前夕，為兩岸中國人的未來，「中國國民黨」應提出「『中華民國』『民主』『和平』統一全國」的政治主張，來 (1)「團結」「中華民國」所有「藍營(4.7%）」的支持者，(2)「整合」所有「無色覺醒（94%）」有投票權的「中華民國」國民，以及 (3)「號召」所有唾棄「民進黨」「執政不力」的「泛綠（小於 1.3%）」選民，起義來歸，支持「中國國民黨」，以確保「中國國民黨」在 2018 及 2020 兩次大選的「絕對」勝選。

　　自 1949 年起，在海峽兩岸，「中國國民黨／民進黨」與「中國共產黨」分別由「中華民國：中文維基百科①；英文維基百科 Taiwan②與「中華人民共和國」兩個國家分治至今。

在未來兩岸統一的進程中，基於 1992 年「中華人民共和國鄧小平先生③以下三段「遺囑④」的摘錄內容（附於文後）可知：

一、「和平」的統一過程是兩岸中國人的共同願景與必然條件（如遺囑摘錄【二】的〔註 1〕）。

二、「中華民國」的「國號」是兩岸中國人可共同接受的選項（如遺囑摘錄【二】的〔註 2〕）。

三、「民主」與「法制」的國家「體制」是兩岸中國人統一後的「終極目標」（如遺囑摘錄【二】的〔註 3〕與遺囑摘錄【三】的〔註 4-6〕）。

　　所以，「『中華民國』『民主』『和平』統一全國」應該是海峽兩岸中國人「民主」「和平」統一全國的一個「可行的」「共同選項」之一。

「中華人民共和國」鄧小平先生③三段「遺囑④」摘錄的內容

●摘錄【一】

　　首先，我對我們國家的政體現狀並不滿意。我是這個政體的創建者之一，這十幾年也算是這個政體的守護者、

責任者，但我也是這個政體的受害者。每當我看到朴方殘
廢的身體，我就在想，我們政體的名字叫中華人民共和國，
但共和國最本質、最核心的東西是什麼呢？應該是民主與
法制，而我們所缺的恰恰是民主和法制！為改變現狀，這
些年我做了一些工作，這個問題並未解決，十幾年後，你
們當政時也未必能解決。其實解決的辦法是存在的，這就
是向美國的憲法學習。美國成為超一流強國，靠的就是這
個東西。中國要成為一流國家也得靠這個東西。向美國學
習，應該理直氣壯，你比別人差嘛，就應該承認自己的不
足。當然，這裡邊有很多技巧，不要急。但你們有責任去
努力、去學習、去實踐，這是歷史的責任，經過幾代人的
努力，把中國真正建成權力來源於人民，法制公平的憲政
國家。這也是孫中山的夢想。只有這樣，才能說長治久安。

●摘錄【二】

第二，臺灣問題。香港問題解決之後，中國最大的統
一問題就是臺灣。臺灣問題的關鍵所在是現在政體上差距
太大。解決這個問題我是看不到了，你們那一代也未必能
解決。但我想有三點你們要把握好：一是不到萬不得已絕
不動武，中國人不打中國人〔註 1〕。二是大陸的經濟要
奮起直追，你一直窮下去就永無希望。三是在政體上大概
一國兩制還不夠，一種可能的方式是聯邦制憲政之路〔註

2〕。中國經濟強大了，政治上又有了民主和法制的共和體！〔註3〕臺灣問題才有可能迎刃而解。

●摘錄【三】

第六，制度建設。除了政體要在憲法制度上下大氣力外，還有黨內、政府內的政治制度搞一些持之以恆的建設，像今天我們只在小圈子裡選江澤民，小圈子裡選你們，這是歷史條件，沒有辦法。但這種作法絕不能長期不變。最終的領導人還是靠人民來選，不能靠小圈子和槍桿子。最好是先從基層的民主抓起〔註 4〕。今後我們再也不是槍桿子裡面出政權。古語說是得民心者得天下，我看得靠實事求是的本領，靠真理和民心民意來維持的完善政權。你們要有這個觀念，今援主要是靠老百姓的稅收來養政權，你要老百姓養，你就得代表民意和服務民意。此事從上到下搞，風險太大，但必須試臉，不搞的風險更大。合理的辦法是從下而上慢慢演進〔註 5〕，先把基層工作做通〔註 6〕，農村包圍城市，這樣風險較小，就傢八十年代農村改革那樣，先從大包乾抓起，而後是鄉鎮企業，再而後是城市改革和國有企業改革。制度改革也可以摸著石頭過河，不要急，但也絕不能不去開拓進取。

參考文獻（2018 年 0930 網路資訊）

①中華民國（Taiwan 的中文版）

　　https//zh.wikipedia.org/wiki/%E4/%B8%AD%E8%8F%
　　AF%E6%BO%91%E5%9C%8B

②Taiwan：

　https//en.wikipedia.org/wiki/Taiwan

③鄧小平：

　https//zh.wikipedia.org/wiki/%E9/%82%93%E5%BO%
　8F% E5% B9%B3

④鄧小平遺囑：

　https//blog.udn.com/paulhsu333/21748749

附件十一　兩岸名人書信往來

中華民國孔孟學會

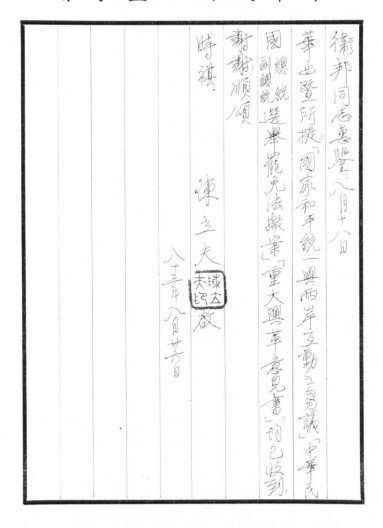

衛邦同志惠鑒：八月十八日

華函暨所提「國家和平統一與兩岸互動之商議」中華民

國總統、副總統選舉罷免法擬案「重大興革意見書」均已收到

謝謝順頌

時祺

陳立夫　啟

八十二年八月廿日

衛邦委員惠鑒頃接

台駕上書本黨中央報告副本敬悉關於

臺北市長年底選舉對各黨候選人

所作之調查分析以及建議本黨與新黨

合作各節拜讀一過甚佩

卓見目前雙方候選人尚不願謙讓唯省

候將來選情發展再作協調尚祈俯諒耑此順頌

時祺

李　煥　敬啟　民國八十三年
　　　　　　　　十月五日

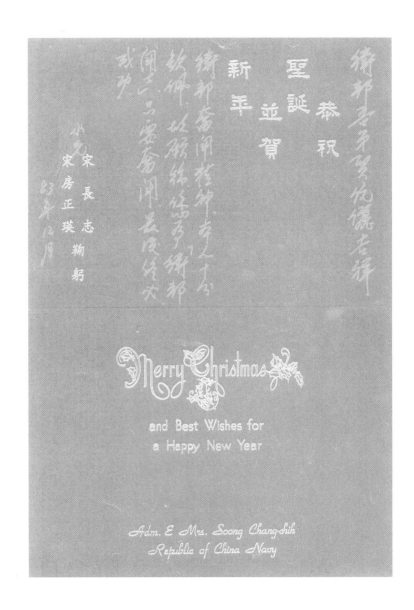

恭祝
聖誕並賀
新年

衛邦吾弟賀似儀吉祥
衛邦奮開拓新志之年
故佛依願給終身衛邦
開拓品需奮闘尼廢祖先
或功

世兄宋長志鞠躬
宋房正瑛鞠躬
83年12月

Merry Christmas

and Best Wishes for
a Happy New Year

Adm. & Mrs. Soong Chang-shih
Republic of China Navy

衛邦將軍勳鑒：

　十月廿五日大函暨附件影本均敬悉。將軍歷
職樞部，功在國家。今又有志競選全國不分區立委，
殊感欽佩。熊今後有機與中央諸委員晤面時，自當
相機推薦，多加美言，用助促成。

　　　　知注特覆，順頌

近祺

温哈熊　敬啟八十一年十月三十日

哈熊用箋

衛邦先生大鑒：

　大作「為中華民國之中興而奮鬥」敬悉！感謝先生來文指教。

　有關　大作所提建國理念及兩岸關係之未來發展，英九以為誠屬國際關切之議題，同時，長久以來存在於兩岸之分歧也需要以時間和智慧來化解，英九未敢斷言將來，惟對先生之指教，將永銘心中，不敢忘記。

　民主時代講求以民為本，英九一再對臺北市民承諾願再為臺北市打拚下一個四年，故除參選市長連任外，英九目前並無其他規畫；承蒙先生愛護與看重，英九實銘感五中，今後還望先生繼續賜教指正，不時匡勉。

　肅此　敬頌

時祺

　　後學　華九（簽名）

英九用箋

敬啟
九十一年
三月七日

丘將軍勛鑒：

您的來信與寄贈「中華民國之願景」等大作均已收悉，感謝您的支持與期許。

您對三民主義的認知與兩岸未來走向統一的主張，我非常認同，唯有如此，我們的國家才有希望，我們的青年才有機會。

本黨雖然一無所有了，但仍擁有總理思想與三民主義這份珍貴的資產，我將於六月三十日離開黨主席的職務，但我仍然會持續到處宣講，致力宣揚黨魂與黨德，重塑核心論述，從思想層面，來喚起民眾、凝聚共識，方能產生勢不可遏的力量，重獲民眾的支持。

今年一月中旬很高興能在美國舊金山與您相見，海外同志對黨的熱愛與付出，令我深受感動，非常感謝將軍對我的肯定與一路相挺，在此致上萬分謝意。

尚此，敬祝

安康喜樂

洪秀柱 敬啟

中華民國一○六年六月二十九日

秀柱用箋

Season's Greetings and Best Wishes
for the New Year

尊敬的衛邡將軍

感謝您寄來的資料，各深具同感，十分抱歉未及時
回音，您對國家的貢獻及愛國熱忱，尤十分敬佩。

祝福您在新的一年，
闔府安康，萬事如意

台達集團
創辦人暨榮譽董事長

鄭崇華 泰賀
2015年1月26日

中华文化发展促进会
China Association For Promotion of Culture

丘主席衛邦　　大鑒

　　久接惠书，因事紛繁，遲至今日奉复，甚歉。

　　主席為文，拳拳愛國之心，躍然紙上。誠如所言，二十一世紀當為中國世紀，中華民族豈能讓其他先進國家專美於前，兩岸人民應團結合作，為早日達成祖國統一而奮鬥。此一理念，套用馬英九先生的話說，與吾等是相當的一致。丘主席所提兩岸應制定"國家民主和平統一法"、分階段實現祖國統一等諸多建言，亦獨具匠心，深有遠見。

　　今馬先生已執掌島內權柄，國共兩黨本著相互尊重、求同存異之心，業已展開交流對話，共創兩岸新局。吾深信，隨著兩岸人民深入瞭解，加之丘主席此等深明大義之士戮力推動，中國的統一、中華民族的強盛未為遠矣。

　　專此布复，並請暑安。

辛旗　敬具

中華文化發展促進會秘書長

二○○八年六月二日

習主席近平先生勛鑒：

十分欽佩　先生大刀闊斧整肅貪腐，一

帶一路發展經濟並增強國家影響力，提升

精神建設大力倡導社會主義核心價值觀。

先生於國父誕辰一五〇週年紀念大會宣示，

中國共產黨也是孫中山先生的傳人，更是

兩岸和平統一的基石。

為達成國家圓滿的統一，協助台灣地區

化獨應為最有效之法，為抑制台獨思想

敬請　宣示國家統一後，必達成毛澤東主席

衛邦用箋

當年主張惜未成功的繼續使用中華民國

國號與青天白日滿地紅國旗之遺願。如此，

台灣同胞必會欣然接受，而台獨思想也自

然消滅於無形，假以時日兩岸自可趨於和平

統一。紙短意長，無法一一。耑此 敬祝

政躬康泰

中國國民黨第十四屆候補中央委員

丘衛邦 恭書

中華民國一〇七年(二〇一八)元月三十日於台灣桃園

衛邦用箋

臺 灣 活 動

民國 92 年（2003）9 月 29 日於臺北市圓山大飯店與池昭君
舉行婚宴，馬鶴凌與夏功權致詞，吳敦義及趙萬富、杜金榮、
葛敦華等等將軍及名作家朱秀娟與徐世洪總裁道賀。

參加何志浩老將軍百歲華誕，參加者有馬鶴凌、
馬英九市長、孔令晟，陳筑藩等等將軍。

數年前於台北市與李煥、梁肅戎、夏功權、馬樹禮、
吳伯雄、陳香梅及孫蕙芳（　國父孫女）等等合照。

與貴賓參加活動照像留念 —— 郝柏村、唐飛、李天羽、
李禎林、戴伯特、曾金陵、董智森。

先賢馬鶴凌於台北市圓山大飯店舉辦第九屆世界華人
和平建設大會。參加者陳立夫之子、謝元熙等等。

民國 93 年(2004)抗議陳水扁做票當選總統。作者及
愛國人士均上台表達心聲。

民國 100 年（2011 年）參加臺北賓館國慶酒會，與會者
馬英九總統、辜振甫夫人及葛光越將軍夫婦等等。

民國 100 年（2011）參加慶祝國慶歸國僑胞金門之旅。

民國 103 年（2014）參加國慶酒會，與會者包括胡為真夫婦，
陳立夫之媳婦，陳士魁委員長，王明我將軍夫婦等愛國人士。

民國 103 年（2014）10 月 13 日，參加慶祝國慶歸國
僑胞馬祖之旅，巧遇指揮官陳曉明中將合照

民國 104 年（2015）參加臺北賓館國慶酒會，有胡為真
夫婦，程建人、葛永光，作者夫婦等及愛國人士。

民國 106 年（2017）10 月 16 日參加慶祝國慶
歸國僑胞澎湖之旅

民國 104 年(2015)10 月參加挺柱活動，參與者包括武之璋、
甯攸武、郭冠英、黃正臺、彭克、林定民等藍軍熱心人士。

民國106年（2017）赴八百壯士帳篷拜訪參加國父紀念館前藍軍慶祝國慶活動，遇夏瀛洲、吳其樑、吳斯懷等愛國人士。

民國 106 年（2017）參加孫文學校張亞中總校長舉辦的和
平、奮鬥、救台灣國慶茶會，與會者包括陳鎮湘、傅應川、
武之璋、李開瑜、徐新生等愛國人士。

民國 103 年（2014），臺北市中正紀堂舉辦黃埔建軍第九十週年書畫展，參觀者有郝柏村、陳廷寵、劉達運、謝建東、甯攸武、戎紹鑫、李開渝。

民國 104 年（2015）參加登步大捷 66 週年
暨隊慶大會，參與者有參加登步作戰的老
英雄，霍守業上將等等將士均熱烈祝賀

民國 106 年（2017）全國軍人反年金亂改遊行，作者發言
年金改革乃違憲行為，不溯及既往，誓言不達目的決不終
止。與曾金陵夫婦、陳筑藩、黃承華、41 期學生合照。

民國 106 年（2017）11 月 16 日昭君邀請名歌星李宗球、楊燕暨中國小姐凌蕙蕙於臺北市 101 大樓 86 樓頂鮮餐廳為作者慶生。

民國 106 年（2017）參加登步大捷隊慶紀念活動，參與者
有高華柱，霍守業上將等等曾服役登步部隊同袍。

民國106年（2017）12月軍公教警消勞對蔡政府違憲亂法
遊行抗爭，10位上將上臺支持，左起戴伯特、費鴻波、作
者、周錫瑋、洪秀柱，王文燮、丁之發、夏瀛洲、金恩慶、
曾金陵、嚴明等上將及立法委員。

民國107年(2018)2月20日八百壯士埋鍋造飯365天，在帳篷舉行升旗典禮，由洪秀柱主席主持多位上將參加。參加八百壯士春宴，吳其樑指揮官及吳斯懷副指揮官向大家敬酒。

民國 107 年(2018)2 月參加退役將官新春團拜，與會者有作者夫婦、夏瀛洲、張十泊、高安國、郭年昆夫婦及吳斯懷等將軍。

中華戰略學會107年新春團拜聯誼餐會，參加者有吳伯雄、郝柏村、王文燮、夏瀛洲、陳廷寵、吳達澎上將等及聲樂家呂麗莉。

民國 107 年（2018）中華戰略學會新春團拜，於三軍軍官
俱樂部舉行，參加者有洪秀柱、郁慕明、戴伯特、胡為真、
郝龍斌、韋家慶及作者夫婦。

民國 107 年(2018) 8 月，中華戰略學舉辦 823 台海戰役勝利 60 週年與嘉賓合照:許歷農、吳伯雄、吳敦義、王文燮及作者夫婦。

民國 107 年(2018) 8 月，中華戰略學會舉辦紀念 823 台海
戰役勝利 60 週年，與嘉賓合照:陳廷寵、高華柱、丁渝洲、
侯友宜、陸官校 41 期學生。

民國 107 年(2018)參加四個協會共同舉辦新春團拜，與會者有楊天嘯、段國基、陳盛文、戎紹鑫、于戊生、于璇等將軍及作者夫婦。

民國 107 年(2018)8 月，參加紀念 823 戰役勝利 60 週年活
動，與嘉賓合照：吳敦義、武之瑋、宋緒康、彭克、吉星
文將軍之子及作者夫婦。

參加鄭禮國公子大婚，與來賓合照：楊天嘯、吳達彭、段
國基、吳其樑、傅應川、臧幼俠、孫覺新、戎紹鑫、李翊
民、施澤淵及作者夫婦。

大 陸 活 動

2004 年參加大陸國慶。

2004 年參加大陸黃埔軍校同學會中秋節，
程元將軍夫婦及作者夫婦等。

參觀大陸黃埔軍官學校及中山大學

參觀北京故宮、長城、上海外灘及武漢辛亥革命館。

民國 95 年(2006)參加大陸國慶與唐樹備合照。受邀參觀
三峽大霸與李永安、郁慕明、黃幸强及作者夫婦合照。

民國 95 年(2006)參加紹興，澳門世界華人和平統一大會作者夫
婦與嘉賓合照，張銘清、孫惠芳（ 孫中山孫女)、曾祥鐸教授。

民國 96 年（2007）參加湖北武漢台灣週節與俞正聲、
江丙坤、傅慰孤、王文煜、陳盛文、費玉棠、馬留孩、
周新生等將軍。作者與武漢市長交談。

作者夫婦與長江三峽集團公司李永安、曹廣晶董事長及孫檢
合照。巧遇行政院長李煥先生。程元將軍於古越公司揮毫。

湖北宜昌與妻子家人合照。

民國101年(2012)中國長江三峽集團公司董事長曹廣晶接待
台灣三峽文化交流考察團團員，王文燮、羅文山、丘衛邦、
梁世銳、韋家慶、羅吉源、崔萬靈及鄭禮國等將軍。

104 年（2015）12 月中國長江三峽集團公司前董事長李永
安先生接待台灣將官參訪團，團員包括王文燮、丘衛邦、
劉達運、郭年昆、韋家慶、于茂生、王昊、鄭禮國等將軍。

旅美生活花絮

民國 105 年(2016 年)與兒子在美國舊金山
皇宮酒店共渡聖誕節

民國 104 年 (2015) 感恩節，
妻用心準備和兒子的大餐。

舊金山華人活動剪集:洪秀柱、李孟賢市長、蔡實鼎董事長
夫婦馬鍾麟處長、朱感生加卅眾議員、呂紅女士、海翔先
生及作者夫婦。

參加民國 96、101 及 102 年(2008、2012 及 2013)
舊金山國慶酒會。

舊金山皇宮酒店與兒子共餐。中國駐舊金山文化領事王石先生參觀畫展時留念。

來美參訪團人員與作者夫婦合照:李翔宙、
趙世璋、董翔龍、張十泊等將軍。

民國 105 年(2016)參加舊金山國慶酒會，作者與
馬鍾麟處長、副處長及蔡實鼎董事長等合照。

民國 102 年(2013)元旦，參加舊金山升旗及遊行。
海外軍人支持八百壯士活動。

民國105年(2016)遊覽蒙
特麗海灣、圓石灘高爾夫
球場和名畫家張大千住過
的卞美爾藝術小鎮。

舊金山遊覽系列：舊金山灣海邊、金門大橋、
藝術宮、富蘭克林公園。

民國 106 年(2017)，好友黃澎孝來舊金山，特邀請至
蔣夫人曾住宿的皇宮酒店用餐。

體會一年一度之舊金山馬拉松賽跑活動。

民國106年(2017)參觀舊金山老爺車展，暨古色古香費兩
蒙酒店(英國女皇伊利莎與美國總統均住過)39號漁人碼頭。

舊金山遊覽系列：聯合廣
場，西部百貨公司、九曲
灣花園。

遊覽世界著名紅酒產地，納帕酒鄉。
於布倫塢五星櫻桃果園採櫻桃。

民國 106 年(2017)5 月參加世界聞名舊金山藝術學院
兒子的畢業典禮。於市政府前攝影留念。

民國 106 年(2017)5 月美國陣亡將士紀念日,與美軍
退役少將等軍人合照暨與美國眾議院少數黨領袖佩洛
西女士握手合照。與駐美武官合照。

舊金山市政府廣場，參加駐舊金山黨部系列活動照片。

民國106年(2017)年8月18日遊覽聞名界的美國黃石公園、於神奇震撼世人的老忠實噴泉、火山彩色潭泉與浪漫迷人的彩虹湖前攝影。

遊覽拱門國家公園、布萊
斯峽谷、石林，馬蹄灣及
羚羊谷。

民國 107（2018）年 4 月前總統馬英九蒞臨舊金山訪問、於聖嗎利廣場，向國父銅像獻花，僑界歡迎宴會，馬氏三姊妹均參加。

民國 107 年(2018)6 月美東之遊旅：紐約時代廣場、曼哈頓夜景，華爾街銅牛廣場、帝國大廈。

民國 107 年 (2018)6 民國 108 年 (2018)美東之旅費城(獨立宣言和憲法誕生地),觀賞自由女神像,大都會藝術博物館、林肯紀念堂、韓戰軍人紀念碑。

民國 107 年(2018)6 月美加
之旅：多倫多安大略湖、加
拿大 CN 電視塔雷普利水族
館、鐵路紀念館、千島湖，
於 1640 年開始營業之最古
老法國餐廳用餐。

加拿大渥太華國會山莊，
雙語城市魁北克、世界三
大教堂之一聖母殿主教
堂，聞名世界的哈佛大學
雕像。

尼亞加拉大瀑布上游（美國之部），下游（加拿大之部）乘遊覽船穿梭於波濤之間，於30多層觀瀑塔上用餐。

①波士頓享用龍蝦
　大餐。
②白宮。
③麻省理工學院。